DIGIUNO INTERMITTENTE

LA GUIDA COMPLETA PER PERDERE PESO SENZA PATIRE LA FAME IN MODO VELOCE E SALUTARE. INCLUSO PIANO ALIMENTARE

MANUELA ORTOLANI

INDICE

Introduzione — vii

Le basi del digiuno intermittente — 1
Tipi di digiuno intermittente — 10
L'importanza del digiuno intermittente — 17
Piani alimentari e dietetici per il digiuno intermittente — 24

RICETTE PER LA COLAZIONE

Omelette California a basso contenuto di carboidrati — 37
Mix di verdure a basso contenuto di carboidrati — 39
Omelette California a basso contenuto di carboidrati — 41
Omelette Caprese a basso contenuto di carboidrati — 43
Montagnette di salsiccia e guacamole — 45
Crumble di cavolo Riccio, uova e salsiccia — 47
Frullato alla vaniglia brucia-grassi — 49
Omelette spinaci e feta — 51
Frullato di cheesecake alle more — 53
Omelette italiana facile — 54

RICETTE PER IL PRANZO

Risotto mediterraneo a basso contenuto di carboidrati — 59
Hamburger con jalapeño piccanti — 61
Zucca spaghetti con chorizo — 63
Tonno con pesto cremoso — 65
Panzerotti al manzo — 67
Braciole di maiale con asparagi e salsa olandese — 69
Caprese con pollo — 71
Mini pizza ai funghi champignon — 73
Hamburger di salmone — 75

Frullato di mandorle e maca — 77

RICETTE PER LA CENA

Salmone con asparagi e salsa olandese	81
Cavolo brasato con burro e prosciutto croccante	83
Omelette con salmone e avocado	85
Hamburger al barbecue con guacamole senza pane	87
Pollo croccante con limone e timo	89
Spiedini di polpette al barbecue	91
Pizza di carne italiana	93
Salmone con salsa olandese cremosa agli spinaci	95
Souvlaki di agnello	97
Frullato cioccolato e cocco	99
Esercizi fisici per perdere peso durante il digiuno	100
Combinare la dieta chetogenica con il digiuno intermittente	112
Conclusione	119

COPYRIGHT

© **Copyright 2021 di Manuela Ortolani**

Tutti i diritti riservati all'autore, nessuna parte di questo libro può essere pertanto riprodotta senza il preventivo assenso dell'autore .

Non è consentito in alcun modo riprodurre, duplicare, o trasmettere alcuna parte di questo documento in formato digitale o cartaceo. La diffusione di questa pubblicazione è severamente proibita e qualsiasi fruizione di questo documento non è consentita senza il preventivo con-senso scritto dell'editore. Tutti i diritti riservati.

L'accuratezza e l'integrità delle informazioni qui contenute è garantita, ma non è assunta responsabilità di alcun genere. Essa è infatti, in termini di fraintendimento delle informazioni per disattenzione, oppure per l'uso o l'abuso di eventuali politiche, processi o istruzioni contenute all'interno del libro, responsabilità sola ed assoluta del lettore destinatario. In nessun caso è consentito perseguire legalmente o incolpare l'editore per qualsiasi danno arrecato o perdita monetaria avvenuti a causa di informazioni contenute in questo libro, né direttamente né indirettamente.

I diritti sono detenuti dai rispettivi autori e non dall'editore.

Nota Legale:

Questo libro è protetto da copyright. È esclusivamente per uso personale. Non è consentito modificare, distribuire, vendere, utilizzare, citare o parafrasare nessuna parte del contenuto di questo libro senza lo specifico consenso dell'autore o del proprietario dei diritti di copyright.

Qualsiasi violazione di questi termini sarà sanzionata secondo quanto previsto dalla legge.

Disclaimer:

Si prega di notare che il contenuto di questo libro è esclusivamente per scopi educativi e di intrattenimento. Ogni misura è stata presa per fornire informazioni accurate, aggiornate e completamente affidabili. Non sono espresse o implicate garanzie di alcun tipo. I lettori riconoscono che il parere dell'autore non è da sostituirsi a quello legale, finanziario, medico o professionale.

INTRODUZIONE

Come sentiamo dire sempre di più col passare del tempo, il digiuno intermittente sta giocando un ruolo chiave nell'aiutarci a sistemare le nostre routine quotidiane. Dato che siamo abbastanza pigri da rovinare i nostri corpi, vogliamo migliorarci nel minor tempo possibile e col metodo più veloce.

Perciò nasce questo libro, che discute tutto in dettaglio. Cosa è il digiuno intermittente? Quali sono i vantaggi nel seguirlo? Come funziona? E cosa bisogna fare per impostare un piano alimentare e una dieta? Quanti tipi di digiuno intermittente esistono? Quali sono i suoi effetti collaterali e le cose da evitare, specialmente da parte delle donne?

Che importanza ha il digiuno intermittente nella nostra vita di tutti i giorni? E cosa potrebbe succedere se non lo si segue? Vengono poi fornite delle ricette che puoi provare per bruciare grassi, divise per pasti: colazione, pranzo e cena. Dato che a molte persone non piace andare in palestra e non hanno voglia di allenarsi tutti i giorni, la soluzione migliore è il digiuno intermittente.

Ci sono malattie che possono distruggerti la vita e mettere in pericolo

INTRODUZIONE

la tua aspettativa di vita. Molte donne continuano a mangiare cibi grassi pieni di colesterolo, livelli alti di fruttosio e zuccheri, sciroppi e persino grassi idrogenati. Bisognerebbe prendersi cura del proprio corpo, invece di rovinarlo. Seguire una dieta è molto più difficile quando non si mangia altro che insalate. Il che è peggio per la salute, perché non si assumono proteine. È importante assicurarsi di mangiare cibi che contengano tutti i nutrienti necessari al corpo.

Poiché abbiamo davvero bisogno del digiuno intermittente nelle nostre vite, bisogna trovarne una versione che si adatti alle nostre esigenze. Anche se si vuole dimagrire.

LE BASI DEL DIGIUNO INTERMITTENTE

Il digiuno intermittente è uno schema alimentare, non una dieta. È il processo di programmare il proprio piano alimentare di modo da poter mangiare di più. Non riguarda cosa mangi, ma quando mangi.

Perché programmare quando mangiare fa bene?

Se sei riuscito a dimagrire senza diminuire il tuo apporto calorico o seguire una dieta, sei fortunato. Quando inizierai il digiuno intermittente, dovrai provare a trovare un equilibrio calorico. Il digiuno intermittente ti aiuta a dimagrire pur continuando ad assumere calorie.

Per questo motivo, la maggior parte delle persone sceglie il digiuno intermittente per perdere peso. Discuteremo di come si perde peso grazie al digiuno intermittente.

È importante sottolineare che il digiuno intermittente è l'approccio migliore per perdere la massa corporea nociva e mantenere quella buona, ma è necessario cambiare un po' i propri schemi comportamentali. Il digiuno intermittente è un approccio semplice, che si può seguire con facilità, e che dà risultati notevoli.

Come funziona?

Per capire il funzionamento del digiuno intermittente, è necessario conoscere la differenza fra lo stato di digiuno e quello in cui si mangia.

Quando il tuo corpo assume e digerisce il cibo, significa che è in uno stato di nutrimento. Di solito, questo stato comincia quando si inizia a mangiare e finisce dopo 3-5 ore, quando il corpo riesce a scomporre il cibo e ad assorbirlo. Quando ci troviamo in questo stato, per il corpo è quasi impossibile dissolvere il grasso, perché i livelli di insulina sono molto elevati.

Dopodiché, il corpo entra in uno stato di post-assorbimento, una fase in cui non sta digerendo né assorbendo gli alimenti, cioè in uno stadio di riposo. Questo dura fra le 8 e le 12 ore, e si entra in una fase di digiuno. Durante questa fase, il corpo riesce a ridurre il grasso perché i livelli di insulina sono bassi.

In questa fase, il corpo brucia i grassi molto più in fretta che durante uno stadio di alimentazione. Il corpo non può entrare nella fase di digiuno dopo 12 ore dal tuo ultimo pasto, perciò ci sono meno possibilità di bruciare il grasso corporeo. Ciò significa che una persona perde peso più velocemente all'inizio del digiuno intermittente senza bisogno di cambiare le proprie abitudini alimentari. Perciò, nello stato di digiuno si brucia il grasso corporeo di cui non ci si può liberare durante il periodo in cui si mangia.

Perché funziona?

Il tuo corpo reagisce al consumo di energia (mangiare) con la produzione di insulina. Più è alto il livello di sensibilità del tuo corpo all'insulina, più probabilità ci sono che dovrai cambiare le tue abitudini per trovare dei cibi che il tuo corpo possa assorbire efficacemente. Il tuo corpo aumenta la propria sensibilità insulinica durante il digiuno.

Cambiamenti di questo tipo legati alla sensibilità all'insulina e alla sua produzione possono aiutare con l'aumenta della massa muscolare e la perdita di perso.

A ciò possono essere collegate principalmente due cose:

Un pasto dopo l'esercizio fisico può essere usato in maniera molto più efficace: perché il cibo che consumi viene convertito in glicogeno e immagazzinato nei muscoli o bruciato subito in forma di energia. Il che aiuta col processo di recupero, e le quantità di cibo conservate sottoforma di grassi sono minime.

Aumento di grasso inferiore rispetto alle tue giornate normali (senza digiuno intermittente): Con la sensibilità insulinica a livelli normali, il cibo e i carboidrati che consumi porteranno a un immagazzinamento eccessivo di glicogeno, il che significa livelli alti di glucosio nel sangue. Perciò è più probabile che verranno immagazzinati in forma di grassi, cosicché prenderai meno peso.

Per diversi motivi derivati dalla fisiologia, è stato provato che il digiuno intermittente aiuta con la perdita di peso diminuendo l'immagazzinamento di grassi e aumentando la massa muscolare, se seguito nella maniera corretta. I livelli di ormoni della crescita aumentano quando non mangi (durante il sonno e il digiuno intermittente). Insieme all'aumento dell'ormone della crescita si verifica un declino nella produzione di insulina (e quindi un aumento nella sensibilità insulinica), così stai praticamente preparando il corpo per la crescita muscolare come anche alla perdita di peso, tutto grazie all'aiuto del digiuno intermittente.

Una versione meno scientifica per spiegare il digiuno intermittente è che insegna al tuo corpo a usare in maniera efficace il cibo che consumi. Il tuo corpo impara come bruciare i grassi come carburante mentre lo privi di un nuovo apporto calorico a cui potrebbe attingere (cosa che accade quando mangi tutto il giorno).

. . .

Quali sono i benefici del digiuno intermittente?

Il digiuno intermittente ha molti benefici. Uno è la perdita di peso. Eccone altri:

Il digiuno intermittente può semplificarti la giornata.

Alle persone piace quando i cambiamenti comportamentali significano semplificare le cose ed eliminare lo stress. Ci piace davvero la semplicità che il digiuno intermittente porta nelle nostre vite. Quando ti svegli non devi preoccuparti della colazione: puoi bere un bicchiere di latte e iniziare la giornata.

Magari ti piace mangiare, ma non cucinare. Perciò, puoi eliminare la fatica di dover cucinare tre pasti al giorno: il digiuno intermittente ne prevede due, il che significa che dovrai pianificare un pasto in meno e cucinarne uno in meno, rimuovendo parte dello stress. Può renderti la vita un po' più semplice, cosa apprezzata da molti.

Il digiuno intermittente ti aiuta a vivere più a lungo.

Secondo le ultime ricerche, uno dei modi migliori per allungare la vita è ridurre l'apporto calorico. Secondo un ragionamento logico, ha molto senso. Quando hai fame, il tuo corpo cerca un modo per tenerti in vita. Tuttavia, c'è un solo problema: ti piacerebbe essere sempre affamato solo per allungarti la vita?

Alla maggior parte delle persone non piacerebbe, ma sarebbe interessata a divertirsi mentre aumenta la propria aspettativa di vita. Essere affamati non sembra molto allettante.

Ma ecco la buona notizia: il digiuno intermittente funziona nello stesso modo in quanto alle restrizioni caloriche per allungare la vita. Così puoi goderti i vantaggi di una vita lunga senza morire di fame.

Nel '900, è stato scoperto che il digiuno intermittente ha allungato la vita di un topo. E, recentemente, lo studio ha scoperto che un digiuno a giorni alterni può portare a una vita più lunga .

Il digiuno intermittente riduce il rischio di avere il cancro.

Questo punto è stato discusso a lungo per il fatto che non sono stati fatti molti esperimenti e ricerche sul rapporto tra digiuno e cancro. Tuttavia, i primi risultati sembrano essere incoraggianti.

Uno studio eseguito su 10 pazienti di cancro suggerisce che gli effetti collaterali legati alla chemioterapia potrebbero diminuire seguendo il digiuno intermittente prima dell'inizio del trattamento. Questa ricerca è stata supportata anche da un altro studio condotto sul digiuno intermittente a giorni alterni seguito da pazienti di cancro. La conclusione a cui sono giunti è che il digiuno prima della chemioterapia può aumentare i tassi di cura e diminuire i casi di morte.

Infine, un'analisi comprensiva di diversi studi condotti sul cancro e il digiuno intermittente ha dimostrato che questo metodo non solo può diminuire il rischio di cancro, ma anche le malattie cardiovascolari.

Il digiuno intermittente è molto più semplice da seguire rispetto a una dieta.

Un motivo per cui la maggior parte delle persone non riesce a seguire una dieta non è il cambiamento negli alimenti, ma il fatto che non si vuole seguire per un periodo di tempo prolungato. Non è un problema legato all'alimentazione, ma al cambiamento comportamentale.

È qui che entra in gioco il digiuno intermittente, perché sembra essere molto facile da seguire una volta che riesci ad abbandonare l'idea di dover mangiare costantemente. Per esempio, uno studio ha scoperto che il digiuno intermittente sembrava essere una strategia efficace per la perdita di peso negli adulti obesi. Perciò, è stato suggerito che i pazienti lo seguissero in maniera costante.

Come può influire sui tuoi ormoni e cellule

Quando digiuni, dentro il corpo iniziano a succedere alcune cose a livello molecolare e cellulare. Per esempio, il corpo adatta i livelli ormonali per rendere facilmente accessibili i grassi. Inoltre, le cellule iniziano i processi di riparazione fondamentali e alterano la formazione dei geni.

Di seguito sono elencati alcuni dei cambiamenti che si verificano nel corpo durante il digiuno:

Insulina: la sensibilità insulinica migliora, e la quantità di insulina diminuisce drasticamente. I livelli bassi di insulina possono rendere facilmente accessibili i grassi immagazzinati.

Ormone della crescita : il livello di ormone della crescita aumenta drasticamente, è fino a 3 volte maggiore. Porta vantaggi per la crescita dei muscoli e la perdita di peso, per citarne alcuni.

Riparazione cellulare: durante il digiuno, le cellule iniziano i processi di riparazione cellulare. Fra questi c'è l'autofagia, durante cui le cellule vengono digerite ed eliminano le proteine vecchie e inutili che si erano formate.

Espressione genica: possono esserci alcuni cambiamenti nel funzionamento dei geni riguardo la protezione dalle malattie e la longevità. Tali cambiamenti nei livelli di ormoni, nell'espressione genica e nel funzionamento cellulare sono responsabili dei benefici derivati dal digiuno intermittente.

Combinare il digiuno intermittente con la dieta chetogenica

Assumendo solo proteine e grassi, il tuo corpo dovrebbe adattarsi a usare i grassi come carburante al posto dei carboidrati. Se non ci sono glucosio o carboidrati, il corpo trasforma i grassi in corpi chetonici e poi li usa come carburante, in un processo conosciuto come chetosi. Esistono due modi per far sì che questo processo si verifichi:

- Mangiare in modo da indurre la chetosi (molti grassi, pochi carboidrati)
- Digiunare, il processo di cui stai leggendo!

Probabilmente, non diventerai "chetosi-dipendente" (quando il tuo corpo inizia a funzionare solo tramite i corpi chetonici) saltando solo un pasto durante una giornata: il tuo corpo avrà ancora abbastanza glucosio immagazzinato per via dei pasti a base di carboidrati di pranzo e cena.

Per poter usare la chetosi insieme al digiuno intermittente, il digiuno deve essere piuttosto lungo per poter consumare tutto il glucosio e i carboidrati immagazzinati, o dovrai ridurre di molto l'apporto di carboidrati a ogni pasto per poter entrare in chetosi.

Chi dovrebbe evitarlo o stare attento?

Di certo, il digiuno intermittente non è sicuro per tutti. Se nella tua famiglia ci sono casi di disturbi alimentari o se sei sottopeso, non devi digiunare senza prima esserti consultato col tuo medico. In tali casi, il processo potrebbe essere molto dannoso.

Le donne possono digiunare?

Ci sono poche prove che suggeriscono che il digiuno intermittente non possa essere benefico per le donne quanto per gli uomini. Per esempio, uno studio ha dimostrato che ha migliorato la sensibilità insulinica negli uomini, ma ha peggiorato i livelli di glicemia nelle donne.

Anche se non ci sono molti studi sulla questione svolti su umani, quelli sui topi hanno dimostrato che il digiuno intermittente può mascolinizzare i topi femmine, emaciarli, interrompere il ciclo mestruale o renderli sterili.

Ci sono moltissimi studi aneddotici in cui il ciclo mestruale delle donne si è interrotto all'inizio del digiuno intermittente, e sono dovute tornare a una dieta regolare. Per tali motivi, le donne devono stare attente con il digiuno intermittente.

Devono seguire una serie di linee guida diverse, come interrompere subito la pratica in caso dovessero avere problemi come l'amenorrea (mancanza di mestruazioni). Per i problemi legati alla fertilità e/o se stai cercando di rimanere in cinta, considera la possibilità di non seguire il processo in questo momento. Questo modo di mangiare potrebbe non essere una buona idea nemmeno se stai allattando o sei incinta.

Effetti collaterali e sicurezza

Uno degli effetti collaterali principali del digiuno intermittente è la fame. Potresti sentirti anche debole. Il tuo cervello potrebbe non funzionare allo stesso modo. Forse potrebbe succederti solo per un breve periodo di tempo, perché il corpo potrebbe impiegare un po' per abituarsi al nuovo piano alimentare.

Se soffri di qualsiasi malattia, devi chiedere un parere al tuo dottore prima di provare il digiuno intermittente. È particolarmente importante se tu:

- Stai allattando o sei incinta
- Hai il diabete
- Prendi dei farmaci
- Hai la pressione alta o bassa
- Sei sottopeso
- Sei una donna e stai cercando di rimanere incinta
- Hai casi di disturbi alimentari in famiglia
- Hai casi di amenorrea in famiglia.

Detto ciò, il digiuno intermittente è molto sicuro. Non c'è niente di dannoso nel non mangiare per un po' di tempo, se sei ben nutrito e in salute a livello generale.

Le diete sono piuttosto semplici in teoria, ma difficili nella pratica. Il digiuno intermittente, invece, è il contrario: è difficile a parole, ma è semplice farlo. Molti hanno pensato di seguire una dieta. Quando ne trovi una che sembra funzionare, è come una boccata d'aria fresca. Tuttavia, quando si tratta di andare al sodo si rivela difficile. Per esempio, devi seguire quasi sempre una dieta a basso contenuto di carboidrati. Se invece stai pensando di seguire una dieta a basso contenuto di grassi, potrebbe sembrare facile. Pensa ai bagel, alle gelatine, al mais, alla purea di patate, al pane integrale, alle banane: sembrano tutti cibi buoni. Ma se dovessi seguire una dieta del genere, ti stancheresti presto e desidereresti poter mangiare uova e carne. Perciò, una dieta è facile in teoria, ma non così semplice sul lungo andare.

Il digiuno intermittente sembra difficile da seguire quando ci si pensa, senza dubbio. Quando spieghi cosa stai facendo, gli altri esclamano sempre sorpresi: "non mangi per un giorno intero!". Tuttavia, una volta che inizi diventa semplice. Non dovrai preoccupati di dove e cosa mangiare per 1 pasto su 3, o 2 pasti su 3. È una grande liberazione. Le spese per il cibo diminuiranno molto. E non avrai molta fame. Anche se è difficile superare il concetto di dover rimanere senza mangiare, una volta che avrai iniziato sarà molto semplice.

Quindi, nel complesso, la semplicità del digiuno intermittente può essere considerata uno dei motivi principali per cui provarlo. Inoltre, ti garantisce una varietà di benefici per la salute senza cambiare troppo il tuo stile di vita.

TIPI DI DIGIUNO INTERMITTENTE

Tutti vogliono avere un bel corpo, il fisico perfetto dei modelli o, se non altro, vogliono apparire al proprio meglio. Per quanto allenarsi possa essere utile, è comunque difficile farlo ogni giorno. La frase "se non si soffre, non si cresce" non significa che non ci siano modi diversi per mettersi in forma. Come esistono le diete, esiste anche il digiuno intermittente.

Digiuno intermittente non significa non mangiare né bere finché non finisce il periodo di digiuno. Ti indica semplicemente quando mangiare e quando non farlo. Non riduci il tuo apporto calorico; in realtà, non devi proprio diminuire quanto mangi. Cambi il tuo modo di vivere per rimanere in forma e in salute. Esiste un processo che puoi seguire per preparare il tuo piano alimentare durante un digiuno intermittente (DI), ed esistono molti tipi diversi di digiuno fra cui puoi scegliere quello che meglio si adatta alle tue necessità.

Ciò significa che se vuoi mangiare cioccolato, dolcetti e pizza, nessuno te lo impedirà. Puoi mangiare tutto quello che vuoi. Devi solo sapere quando puoi mangiare i tuoi piatti deliziosi. Non devi aspettare per mesi. Se segui il digiuno intermittente, non influiranno sul tuo corpo. Ci sono molti metodi per farlo che potresti aver sentito da altre fonti, ma non sono testati o veritieri come questo. È meglio fare molte ricerche prima di compiere una scelta, perché si tratta della tua salute e del tuo corpo, che non dovrebbero mai essere messi a repentaglio. Ecco 9 dei più famosi ed efficaci metodi di digiuno intermittente.

- **Metodo a giorni alterni**

Si tratta semplicemente della tecnica di digiuno "modificata". Un giorno assumi 500 calorie o il 25% della tua dieta normale, e il giorno successivo continui con la tua dieta regolare (tuttavia, ci sono giorni in cui dovrai avere un apporto calorico pari a 0).

Così, se ti prendi un giorno di pausa dalle calorie, il giorno dopo potrai mangiare qualsiasi cosa tu voglia senza problemi. Non c'è bisogno di allenarsi molto: basta solo saper gestire le tempistiche.

- **Metodo a tempo limitato**

Questo è il metodo 16/8 o 14/10, che significa che non mangi per 16 ore al giorno, e mangi per le restanti 8. Questo metodo è molto popolare perché nessuno mangia mentre dorme, e puoi farlo quando vuoi, anche solo una o due volte a settimana. Lo stesso vale per il metodo 14/10.

16/8: il periodo in cui mangiare è fra le 11 e le 19 o fra le 12 e le 20

14/10: il periodo in cui mangiare è fra le 10 e le 20

Alcune persone aumentano semplicemente le ore di sonno o si tengono impregnate col lavoro o la televisione. L'impostazione degli orari dipende da te. Questo metodo è stato provato e dimostrato, ed è considerato il migliore, perché tutti hanno bisogno di mangiare solo in certi periodi di tempo, senza esagerare.

- **Metodo due volte a settimana**

Questo metodo si concentra sull'assumere solo 500 calorie due volte alla settimana, con un pasto da 300 calorie e l'altro da 200 (è meglio fare pasti ad alto contenuto di fibre e proteine per saziarti). Puoi scegliere tu i giorni in cui farlo, per esempio il lunedì e il venerdì. Tuttavia, potrai seguire la dieta normale nei restanti 5 giorni.

Non c'è bisogno di esagerare. Basta stare attenti in quei due giorni, e poi godersi l'amore per il cibo per il resto della settimana.

- **Metodo delle 24 ore**

Questo metodo include il fatto di non dover mangiare per 24 ore di fila. Tuttavia, si fa perlopiù una sola volta alla settimana. Per precauzione, devi mangiare i tuoi pasti regolari per i restanti 6 giorni, per saziarti.

Fai attenzione, però. Se vuoi seguire il metodo di digiuno delle 24 ore, dovrai assumere tutte le proteine e le calorie il giorno precedente. Non vuoi che ti venga mal di testa. Quindi, mangia cibi ricchi di proteine e di ingredienti benefici.

- **Metodo della dieta del guerriero**

Questo metodo include dei giorni in cui dovrai mangiare solo poca frutta o verdura (giusto per tenerti stabile, ad esempio una mela), e fare un solo grande pasto la sera.

Alcuni lo fanno tre volte alla settimana per ottenere risultati più veloci. Tuttavia, dovrai assicurarti che il pasto serale contenga tutte le proteine, vitamine e calorie necessarie. È essenziale, altrimenti ti verrà mal di testa.

- **Metodo del salto dei pasti**

Non devi avere sempre la pancia piena. Se non hai voglia di mangiare e hai abbastanza energie, basta saltare un solo pasto. Questo metodo può essere seguito in qualsiasi momento, anche quotidianamente. Per esempio, se hai fatto una colazione abbondante e non hai fame a ora di pranzo; o se non hai voglia di mangiare la sera, e ti potrebbe bastare solo un bicchiere di latte (ma assicurati sempre di avere il giusto apporto di proteine per evitare i mal di testa).

- **Digiuno brucia-grassi**

Se sei sovrappeso e vuoi bruciare i grassi il più in fretta possibile, questo metodo ti aiuterà. Consiste nel processo dell'autofagia, che sostituisce le cellule vecchie con cellule nuove, sane. Quando si combina con la chetosi, cioè quando il tuo corpo ha pochi carboidrati, e si avvia il metabolismo, riesci a bruciare i grassi senza dolore. Devi solo digiunare e seguire una dieta chetogenica. Ti aiuterà a perdere peso.

Durante questo processo, puoi bere un caffè, che aiuterà il metodo e si rivelerà utile. Puoi aggiungerci fino a 2 cucchiaini di cibi con olio/burro MCT, carboidrati o proteine, come olio di cocco, panna, ecc

- **Dieta del brodo**

Questo metodo prevede che tu beva del brodo durante un digiuno prolungato, di solito per 24 ore. Alcuni potrebbero estenderlo fino a 36 ore, anche se potrebbe non essere fattibile per tutti.

Quando sei determinato a bruciare i grassi il più in fretta possibile e digiuni per molto tempo, ma improvvisamente ti senti incredibilmente affamato, puoi bere il brodo. Non influenzerà il tuo apporto calorico e ti riempirà la pancia. Se mangi qualsiasi altra cosa, ovviamente, assumerai più calorie. Se il tuo obiettivo è quello di dimagrire in fretta, assumere altre calorie potrebbe farti arrabbiare.

- **Metodo del digiuno coi succhi di frutta**

È meglio non scegliere questo metodo, perché non attiva il processo della chetosi. Tuttavia, si è provato soddisfacente e benefico per molte persone. Alla fine, dipende da te. La chetosi deve verificarsi se digiuni per molto tempo, ma bere un bicchiere di succo di frutta darà al tuo corpo i carboidrati e il fruttosio che potrebbero interferire coi tuoi sforzi.

Se vuoi perdere peso, questo metodo può aiutarti. Tuttavia, brucerai solo muscoli e massa magra, non tutto il grasso, perciò non è molto utile.

Con questo metodo, bevi succhi di frutta durante il digiuno. Non mangi niente per 24 ore e bevi solo un bicchiere di succo quando ti viene fame. Questo è il digiuno coi succhi di frutta.

Quando parliamo di digiuno intermittente, dobbiamo stare attenti alle necessità del nostro corpo. E ciò di cui ha più bisogno è l'acqua. Perciò, è meglio rimanere sempre il più idratati possibili nel corso della giornata. Dovresti bere molta acqua, tè e cibi che contengono acqua. E, ovviamente, quando diciamo che puoi mangiare qualsiasi cosa tu voglia, cerca sempre di assumere una quantità di calorie stabile quando sei agli inizi del processo. Dovrai anche studiare attentamente il tuo programma.

Quando ti svegli la mattina, la prima cosa che dovresti fare è bere molta acqua. O, almeno, il più possibile, ogni giorno: si chiama idroterapia. Dovresti fare colazione almeno 20 o 30 minuti dopo aver bevuto.

Durante i giorni di digiuno, è meglio distrarti con altre attività per non pensare al cibo. È anche meglio se fai yoga, che rilassa mente e corpo – se ti va di provarlo. Fai del tuo meglio per evitare attività estenuanti perché sarebbe dura per il tuo corpo, e rilassati quanto più possibile. Fai solo lavori leggeri.

Consiglio: se ti dovessi agitare per il digiuno e iniziassi a pensare che sia troppo pesante, bevi un bicchiere d'acqua con due cucchiaini di aceto di mele: ti aiuterà. (Se bevi un succo di frutta invece dell'acqua, influirà sul tuo digiuno; i succhi possono essere bevuti dopo il digiuno perché aiutano a recuperare le energie.)

Non è importante quale metodo scegli di seguire fra quelli elencati. Devi solo seguirlo con costanza. Rimani convinto della tua scelta e del tuo programma per poterne vedere gli effetti. Ti aiuta fino all'80% nella tua trasformazione.

Ecco alcune informazioni che potranno aiutarti se sei indeciso.

Tutti i metodi discussi hanno i loro vantaggi e dei tratti speciali che possono essere gestiti in maniera diversa da chi li segue. Perciò, se tendi a dormire molto potrai seguire facilmente l'opzione 2. Allo stesso modo, se sei sempre impegnato puoi scegliere l'opzione numero 4. Se ami mangiare e non vuoi smettere di farlo, puoi provare l'opzione numero 3. Se sei una persona molto indecisa e non riesci a scegliere una cosa sola, potrebbe piacerti l'opzione 1. Forse sei una persona che mangia molto a ogni pasto, con grande piacere, e ora non c'è posto per altro cibo? Perché non salti un pasto? Amerai l'opzione numero 6. Ti piacciono molto i succhi di frutta? E non puoi farne a meno, qualsiasi cosa succeda? Allora potresti provare l'opzione 9. Se sei molto sovrappeso, potresti scegliere le opzioni numero 7 o 8. Fai del tuo meglio! Se pensi di non rientrare in nessuna di queste categorie e non sai ancora cosa scegliere, puoi provare l'opzione 5. Se dopo un po' di tempo pensi di non esserti trovato particolarmente bene con nessuna di queste opzioni, puoi sempre cambiare e provarne un'altra. Ma ricordati che devi continuare con la stessa per molto tempo (almeno un mese) per vedere dei cambiamenti e una trasformazione.

Ci sono ancora alcuni avvertimenti. Chi sta seguendo una terapia non dovrebbe provare nessuno di questi metodi. Le donne incinta non dovrebbero digiunare: dovrebbero mangiare quanto più possibile. Chi soffre di disordini alimentari e non ha fame per lunghi periodi di tempo per via di condizioni mediche, o chi ha persone con questi problemi nella propria famiglia, dovrebbe evitare il digiuno intermittente. Per questi tipi di persone è meglio fare esercizio fisico e continuare a mangiare, mettendosi in forma tramite la palestra o lo yoga. Rimanere affamati potrebbe solo creare altri problemi. Allo stesso modo, se durante il digiuno ti senti male, è possibile che il tuo corpo non possa reggerlo e dovresti consultare un dottore. Potresti sentirti debole o avere problemi non legati al digiuno intermittente, ma non lo potrai sapere finché non ti consulterai col tuo medico.

L'IMPORTANZA DEL DIGIUNO INTERMITTENTE

Quando si tratta del tuo corpo, devi conoscere sempre l'importanza di ciò che fai e che effetti avrà su di te. Il digiuno intermittente ha molti vantaggi, come dimostrato da diversi studi e ricerche condotti sugli animali in laboratorio. È stato scoperto che quando si dava del cibo agli animali a un orario specifico, rimanevano in forma e in salute; quelli che venivano lasciati liberi di mangiare quanto e quando volevano hanno iniziato ad ammalarsi. I risultati sono, quindi, che mangiare a degli orari programmati porta grandi benefici alla salute. Da cui la decisione di proporre il metodo anche agli umani.

Chi mangia senza avere degli orari prestabiliti sembra avere più problemi e, soprattutto, soffre di più di obesità. Chi ha seguito il digiuno intermittente ha mostrato cambiamenti notevoli. Grazie alle ricerche, è stato scoperto che i benefici del digiuno intermittente includono:

- Una perdita di peso provata, senza la fatica di dover andare in palestra o di fare esercizio fisico.
- Molti benefici per la salute, con la riduzione anche del rischio di cancro.

- Un miglioramento della salute e della stabilità mentale.

- **Riduzione del diabete di tipo 2**

Alcuni studi hanno dimostrato che il digiuno intermittente riduce persino il diabete di tipo 2. Può aiutare anche i pazienti che sono a elevato rischio, riducendo i livelli di diabete. Fornisce stabilità nel loro flusso sanguigno e nel sistema immunitario, e aiuta l'apparato digestivo a rimanere in salute. Il che porta ad avere un corpo più sano in generale.

- **Vantaggi per il cuore**

Alcuni studi compiuti in laboratorio hanno dimostrato che il digiuno intermittente aiuta il sistema cardiovascolare. Nel 2016, è stato provato che aiuta con molti tipi diversi di problemi, come la pressione, i trigliceridi, il colesterolo e persino il battito cardiaco, negli animali come gli umani.

- **Cervello in salute**

Il digiuno intermittente dimostra che la stabilità mentale è possibile, e garantisce un'ottima salute mentale. Così, una persona riesce a mantenere una mente attiva e non si sente oppresso o stressato. E il suo cervello non si sente stanco. Un cervello in salute e attivo aiuta a ottenere risultati migliori e a poter risolvere molti problemi.

Avrai la mente chiara. Sarai in pace con te stesso. Potrai analizzare le situazioni più velocemente. È la condizione ideale per gli studenti e per chi ha carichi di lavoro pesanti in ufficio. Li aiuta a non essere sempre sulle spine e ad avere successo. Per gli studenti, potrebbe essere perfetta per poter studiare e non rimanere indietro (se sono disposti a farlo, ovviamente).

Fornisce anche la possibilità di aumentare la potenza della propria memoria! Ricorderai le cose molto meglio. Non sarai deluso dal tuo cervello.

Ti deprimi facilmente? O tuo figlio adolescente è agitato per la maggior parte del tempo? Organizza un piano di digiuno intermittente e rimani in salute e in forma. Rilassa la tua anima e il corpo. Ed è perfetto anche per gli adolescenti avventati. Non sarai più colpito dalla depressione. Potresti finalmente diventare la persona che sognavi di essere grazie al nuovo controllo di te stesso, del tuo cervello, della tua anima e del tuo corpo.

- **Riduzione del cancro**

Degli studi hanno dimostrato che il digiuno intermittente ha ridotto il cancro negli animali. In seguito, il cancro in alcuni casi umani è stato collegato alla loro dieta: seguire un piano alimentare ridurrà quindi il rischio di crescita del cancro.

Il motivo principale è che l'obesità è una delle cause più diffuse della crescita del cancro. Tramite il digiuno intermittente si perde peso e si riduce la possibilità di diventare obesi. Il che riduce a sua volta la possibilità di sviluppare problemi o malattie.

- **Miglioramento dei processi biologici**

I processi biologici giocano un ruolo molto importante nel funzionamento del nostro corpo. Quando sai come migliorare le tue funzioni, il corpo affronta i suoi processi molto più velocemente. Per poter essere in salute, devi conoscere la risposta a una domanda: gli ormoni e le sostanze chimiche nel tuo corpo sono bilanciati? Se la risposta è no e ci sono degli squilibri nel tuo corpo, possono provocare malattie o degrado cellulare, il che conduce alla morte prematura! Perciò, dobbiamo occuparci di queste questioni e trovare delle soluzioni. La soluzione migliore è seguire il digiuno intermittente. Migliorerà anche i tuoi sistemi biologici, rendendoti attivo e più efficiente in qualsiasi attività vorrai svolgere.

L'IMPORTANZA DEL DIGIUNO INTERMITTENTE

Si dice che le persone non usino nemmeno l'1% del proprio cervello, e il motivo principale per cui ciò è vero, è che sono stressate. Tutto il sistema è stressato, non solo la mente! Può essere dovuto al mangiare a orari irregolari. Perciò, se imposti degli orari precisi sarai in grado di controllarti, invece di essere controllato a livello inconscio.

Quando una persona segue il digiuno intermittente e sceglie di non mangiare per un determinato intervallo di tempo, il corpo esegue il processo autofago. Questo, menzionato nel capitolo 2, è un processo tramite cui le cellule vecchie vengono sostituite da quelle nuove. È possibile solo quando una persona evita di mangiare per un certo periodo. Aiuta a scomporre le vecchie cellule e a crearne delle nuove; le seconde non possono crescere in presenza delle prime. Quando una persona mangia qualcosa, il glucosio può creare degli ostacoli al processo di autofagia, per questo bisogna bere solo acqua o tè durante il digiuno.

Ecco alcuni motivi che dimostrano perché il digiuno intermittente è importante:

Uno studio condotto nel corso di 16 settimane su 283 soggetti ha scoperto che non c'era nessuna differenza fra chi faceva colazione e chi no. In pratica, la credenza che la colazione sia molto importante e che saltarla ti indebolisce o ti fa ammalare è un mito. I bambini, invece, sembravano stare meglio dopo aver fatto colazione. E quelli che non la facevano? Alcuni stavano altrettanto bene, non avevano problemi. Questo perché che il corpo possa funzionare con o senza colazione dipende sempre dai suoi bisogni. Ma non è essenziale.

Un altro studio ha negato l'assunto condiviso da tutti che mangiare di più velocizza il metabolismo e brucia grassi. Questo processo è conosciuto come l'effetto termico del cibo. Non dipende da quanto mangi, ma da quante calorie assumi. Per esempio, se mangi 500 calorie sei volte al giorno, è eccessivo. Ma se fai tre pasti da 1000 calorie, è la stessa cosa. In entrambi i casi, brucerai 300 calorie. Quindi non dipende dal numero di pasti, ma dal tuo apporto calorico.

L'IMPORTANZA DEL DIGIUNO INTERMITTENTE

Alcune persone credono persino che mangiare di frequente possa ridurre la sensazione di fame. Tuttavia, si tratta di un altro mito completamente sbagliato. Proprio come i cicli del sonno: più dormi, più dormirai. Più mangi, più avrai fame. Non la ridurrai, anzi, abituerai il tuo corpo a mangiare di più. Quindi, se pensi che mangiare di più velocizzerà il tuo metabolismo, hai torto. Non c'è alcuna differenza. Degli studi hanno dimostrato che sia che tu mangi 3 volte al giorno o 6, la velocità del tuo metabolismo dipende dal tuo corpo. Mangiare di frequente non aiuterà.

Un'altra concezione sbagliata ma molto diffusa è che il nostro corpo abbia bisogno del glucosio perché il cervello funzioni meglio. Il che è vero, ma non significa che bisogna mangiare quanti più carboidrati possibile per migliorare le tue capacità mentali. Se il tuo cervello ha bisogno di glucosio, sarà il corpo a produrlo tramite un processo chiamato gluconeogenesi. Anche se non mangi per tre giorni, il tuo corpo può comunque produrre da sé il glucosio necessario. Perciò non c'è bisogno che mangi continuamente. Il che non significa nemmeno che non devi mangiare: se stai digiunando da molto tempo e inizi ad avere le vertigini, mangia subito qualcosa di leggero.

Alcune persone si preoccupano anche di un altro mito, conosciuto come distribuzione delle proteine nel corso dei pasti: credono che il corpo ne possa gestire solo 30 grammi per pasto. Anche questa informazione non è corretta. Gli apporti di proteine non dipendono dal numero di pasti, ma da quante ne mangi in generale, di modo che il tuo corpo sia in grado di processarle. E l'apporto di proteine non influisce sulla velocità del tuo metabolismo.

Un'altra miscredenza, di per sé scioccante, è che il digiuno ti farà perdere la massa muscolare. In senso stretto, queste persone seguono una dieta invece del digiuno intermittente, ed è quello a ridurre la massa muscolare. Mangiare poco non è mai salutare. Persino i bodybuilder seguono una metodologia di digiuno intermittente per aiutare a mantenere la massa muscolare. Quindi è chiaro che non ti consumerà i muscoli, ma una dieta di sicuro sì! È stato condotto uno studio le cui conclusioni hanno scioccato il pubblico: il digiuno intermittente aiuta a mantenere la massa muscolare. Perciò questo metodo è molto diffuso nella comunità sportiva.

Potresti anche aver sentito dire che il digiuno intermittente farà solo peggiorare la tua salute. La verità è che non solo può migliorare le funzionalità del corpo, ma è stato provato che può allungare anche l'aspettativa di vita degli animali così come delle persone. È praticamente il metodo migliore da seguire. Gli studi hanno dimostrato che questo processo potrebbe anche migliorare il sistema immunitario e la longevità dei geni. È stato anche provato che migliora la salute del BDNF (fattore neurotrofico derivato dal cervello), che è praticamente un ormone che protegge dai disturbi mentali.

Alcuni hanno contestato che il digiuno intermittente porta a mangiare troppo a causa della fame estrema. In effetti potresti mangiare un po' di più a fine giornata, perché il tuo corpo sarà privo dei livelli necessari di insulina, noradrenalina e ormone della crescita (HGH). Per questo di solito si mangia di più. Ma non significa che si ingrassi, anzi: si perde peso. Secondo un sondaggio, dal 3 all'8% e dal 4 al 7% degli intervistati ha perso peso nel giro di 2-24 settimane grazie al digiuno intermittente. Sono più che contenti dei risultati.

Non saltare alle conclusioni quando si tratta della tua salute. È meglio informarsi e fare ricerche approfondite. Il tuo corpo può sopportare la fame, è la tua mente che ha più problemi. Hai fame solo quando sai che non hai mangiato. Ci avranno fatto caso soprattutto le persone molto impegnate col lavoro: non si accorgono quando è ora di mangiare e non hanno fame finché sono a lavoro. Nel provare questo processo, non dimenticarti di tenere la mente impegnata. All'inizio avrai qualche difficoltà perché potresti essere abituato a mangiare spesso. Perciò, gestisci bene il tuo piano alimentare, fai tutto al momento giusto: il tempo è un regalo e va trattato come tale. Abbiamo sentito tutti la frase "il troppo stroppia", e la stessa cosa si applica anche al mangiare. Un altro fatto è che chi mangia tenendo sempre uno spazio libero nello stomaco rimane in forma e libero da problemi di salute. Il digiuno intermittente ti dà tutti questi benefici e ti tiene al sicuro da alcune malattie. Potresti non dover andare più all'ospedale.

PIANI ALIMENTARI E DIETETICI PER IL DIGIUNO INTERMITTENTE

Ci sono molti modi per seguire una dieta. Tuttavia, il digiuno intermittente non serve solo a farti perdere peso, ma anche per metterti in salute. Per questo quando stabilisci un piano dietetico perfetto per il tuo digiuno intermittente (cioè per mangiare in modo programmato), dovresti riuscire a rimanere attivo per tutto il giorno.

Il digiuno intermittente riguarda il creare un paino alimentare, inclusi anche i protocolli dietetici che ruotano attorno ai periodi di digiuno (niente cibo o un po' di cibo) e i periodi in cui non digiuni. Ci sono molte opzioni di dieta per il digiuno intermittente fra cui scegliere, così come diversi tipi di piani alimentari.

Il digiuno intermittente porta molti benefici, inclusi la riduzione dei livelli di insulina, il miglioramento della salute mentale, la riduzione dell'infiammazione, aiutarti a sentirti più speranzoso, e una possibile perdita di peso. Preso nel suo insieme, il digiuno intermittente ha mostrato dei risultati promettenti in trial medici estesi su animali (i topi sono stati i primi soggetti) e in alcuni trial limitati su umani.

In quei giorni, o non mangi affatto o assumi il 25% del tuo solito apporto calorico. Nei giorni in cui si ha un apporto calorico ridotto, la maggior parte degli uomini consuma fra le 500 e le 660 calorie, mentre le donne di solito assumono dalle 400 alle 500 calorie. Dovresti prendere in considerazione la tua corporatura invece di concentrarti sul genere e su quante calorie assumono le donne o gli uomini. Non dovresti saltare alle conclusioni e limitare semplicemente il numero di calorie.

Puoi usare il digiuno intermittente per la perdita di peso. Non devi preoccupartene però, perché il piano alimentare è piacevole, produttivo e facile da capire e seguire. La strategia migliore per perdere il grasso più ostinato è il digiuno intermittente. Usando questo metodo, puoi dimagrire velocemente senza sentirti deprivato delle calorie. Puoi mangiare continuamente un numero ridotto di calorie in questo modo.

Questo processo ha portato benefici anche in termini di riduzione della perdita di tempo in cucina, per preparare da mangiare o pulire. Seguendo il digiuno intermittente ti ritroverai a essere molto più energico nel corso della giornata e sarai molto più concentrato in tutte le tue attività.

I tuoi pasti dovrebbero essere impostati bene, e i piani alimentarti dovrebbero essere creati dopo un'attenta analisi. Le ricette e i cibi che introduci nella tua vita di tutti i giorni dovrebbero essere bilanciati. Se volessi mangiare una pizza, non sarebbe vietato: puoi farlo. Devi solo sapere quando farlo.

Un dottore ha affermato che la maggior parte dei problemi di salute deriva dall'infiammazione cronica. In più, quando stiamo combattendo contro i batteri patogeni, un'infiammazione acuta è una risposta più che naturale e sana. Tuttavia, l'infiammazione cronica non cessa sul lungo tempo se la minaccia si trasforma in un cancro. Se vogliamo salvarci dall'infiammazione, la scelta più sicura da prendere in considerazione sono i rimedi naturali. Ci si può prendere cura di se stessi tramite il digiuno intermittente, perché si rimane senza mangiare per un certo periodo di tempo. È il modo migliore quando si cerca un metodo semplice ed efficace per tutti. È apprezzato su vasta scala.

Poiché il digiuno intermittente ti chiede di mangiare in intervalli definiti di tempo, mangerai di meno durante quei giorni. Il che toglie molto stress dalla tua routine, per esempio per non dover preparare i pasti. Degli studi affermano che potrebbe anche aumentare la tua aspettativa di vita, perché fai riposare lo stomaco di tanto in tanto. Potrebbe farti vivere più a lungo e ti porterà molti benefici. Non mangi quando vuoi, anche se si tratta solo di verdure; devi mangiare in periodi predefiniti. Di seguito sono elencati alcuni dei benefici del metodo.

- Diminuisce il rischio di cancro.
- Migliora la salute del cuore.
- Migliora le condizioni autoimmuni.
- Migliora i livelli di glucosio nel sangue.
- Aiuta con la perdita di peso.
- Reprime le tue voglie.
- Migliora le funzioni cognitive.
- Migliora la salute dei polmoni.
- Aiuta a guarire l'intestino.
- Perdi peso velocemente.
- Hai molte energie.
- Il tuo metabolismo si velocizzerà esponenzialmente.
- Il tuo appetito si ridurrà drasticamente.
- Questo piano addestrerà e aiuterà naturalmente la tua mente e il corpo a seguire uno stile di vita salutare. Non puoi aspettarti di vivere bene se non sai come farlo. Lo imparerai man mano che andrai avanti col processo.
- Non è un processo che dipende dall'esercizio fisico per la perdita di peso. Non devi allenarti per dimagrire.
- Questo piano funziona per tutte le età (a differenza di molti piani per la perdita di peso attualmente in circolazione) MA non è adatto alle donne incinta, alle mamme che allattano o ai bambini (DEVI consultare il tuo medico prima di iniziare qualsiasi dieta).

Prima di iniziare il tuo piano di digiuno intermittente, è meglio parlare con un professionista per assicurarti di essere pronto. Le donne dovrebbero stare particolarmente attente perché ci sono opinioni contrastanti sul fatto che certi piani alimentari siano salutari o meno per l'equilibrio ormonale femminile. Inoltre, se soffri di insufficienza renale o di problemi intestinali, dovresti procedere con cautela. Se nella tua famiglia ci fossero casi di disturbi alimentari, probabilmente dovresti evitare il digiuno.

Una volta che inizierai il tuo viaggio lungo la strada del digiuno intermittente, probabilmente scoprirai ti sentirti pieno per molto tempo e di poter fare pasti molto semplici. Ci sono diversi modi in cui puoi digiunare. Ognuno dei piani elencati di seguito è suddiviso in passi per principianti, intermedi e avanzati, insieme a un piano alimentare giornaliero tipico. La combinazione di questi nutrienti ti darà l'energia di cui hai bisogno per migliorare i benefici del tuo digiuno. Assicurati di non ignorare le intolleranze alimentari e di usare quanto scritto di seguito come una guida per la tua salute, da sistemare secondo le tue necessità.

Esempio di Piano Alimentare Per Tre Settimane

Prima Settimana

Lunedì

Pasto 1 – Omelette con verdure e formaggio. Puoi aggiungere qualsiasi verdura preferisci!

Pasto 2 – Purè di avocado su pane tostato con contorno di uovo bollito

Pasto 3 – Pollo saltato in padella, con tutte le verdure che vuoi e degli spaghetti.

Snack – Mela con burro di arachidi o mandorle

Martedì

Pasto 1 – Porridge cosparso di semi di chi e frutti di bosco

Pasto 2 – Uova strapazzate con due fette di pancetta e pomodoro alla griglia

Pasto 3 – Polpette fatte con qualsiasi carne magra preferisci, coperte di salsa di pomodoro e servite con spaghetti integrali

Snack - Yogurt

Mercoledì

Pasto 1 – Pancake ipocalorici con un cucchiaio di Nutella e frutti di bosco

Pasto 2 – Zuppa di verdure

Pasto 3 – Salmone grigliato servito con verdure e quinoa

Snack – Macedonia

Giovedì

Pasto 1 – Frullato di fragole e banana

Pasto 2 – Insalata di pollo (grigliato o al vapore)

Pasto 3 – Patata al forno con chili con carne (fatto con macinato magro) e insalata

Snack – Una manciata di frutta secca e una mela

Venerdì

Pasto 1 – Uova strapazzate con funghi rosolati

Pasto 2 – Zuppa a scelta

Pasto 3 – Pizza fatta in casa con verdure

Snack – Mela e burro d'arachidi

Sabato

Pasto 1 – Frittata con verdure

Pasto 2 – Uova bollite e insalata

Pasto 3 – Pasticcio di pollo

Snack – Un paio di quadratini di cioccolato fondente

Domenica

Pasto 1 – Omelette di funghi con un po' di formaggio

Pasto 2 – Piadina con salmone affumicato

Pasto 3 – Bastoncini di pollo, riso e insalata

Snack – Pane all'aglio stile Keto (ipocalorico)

Seconda Settimana

Lunedì

Pasto 1 – Pancetta e uova – ricorda, griglia la pancetta e friggi le uova con olio d'oliva!

Pasto 2 – Caesar salad

Pasto 3 – Lasagne fatte in casa

Snack – Frutta secca ricoperta di cioccolato (solo una manciata)

. . .

Martedì

Pasto 1 – Uova strapazzate con salmone affumicato

Pasto 2 – Insalata nizzarda con tonno

Pasto 3 – Pollo al curry fatto in casa

Snack - Yogurt

Mercoledì

Pasto 1 – Omelette con pomodori e mozzarella

Pasto 2 – Kebab di pollo e yogurt

Pasto 3 – Funghi champignon ripieni di manzo

Snack - Macedonia

Giovedì

Pasto 1 – Frullato di frutta a scelta

Pasto 2 – Insalata di gamberetti

Pasto 3 – Stufato di manzo cotto a bassa temperatura

Snack – Fette di ananas

Venerdì

Pasto 1 – Porridge condito con frutti di bosco

Pasto 2 – Quesadilla vegetarian a

Pasto 3 – Fajitas di pollo fatte in casa con piadine integrali (più di due)

Snack – Mousse di fragole fatta in casa

Sabato

Pasto 1 – Frittelle di rutabaga e pancetta alla griglia

Pasto 2 – Insalata di tonno con uova

Pasto 3 – Alette di pollo con salsa di formaggio e broccoli

Snack – Una manciata di frutta secca

Domenica

Pasto 1 – Uova alla benedict

Pasto 2 – Insalata di tacchino

Pasto 3 – Pollo arrosto, 'cena della domenica'

Snack – Un paio di quadretti di cioccolato fondente

Terza Settimana

Lunedì

Pasto 1 – Piatto di salumi e formaggio brie

Pasto 2 – Zuppa di pollo con tagliatelle

Pasto 3 - Moussaka fatta in casa

Snack – Bastoncini di carota

Martedì

Pasto 1 – Frittata con pancetta e cipolle

Pasto 2 – Insalata di pollo e avocado

Pasto 3 – Polpettone e fagiolini

Snack – Frutta di stagione, per esempio fragole, ciliegie, ecc.

Mercoledì

Pasto 1 - French toast, stile Keto (ipocalorico)

Pasto 2 – Zuppa di pollo

Pasto 3 – Lasagne alle zucchine

Snack – Semi di chia

Giovedì

Pasto 1 – Pasticcio di funghi e pancetta

Pasto 2 – Minestra di verdure

Pasto 3 – Chili con carne e riso

Snack - Yogurt

Venerdì

Pasto 1 – Purè di avocado su pane tostato

Pasto 2 – Uova al forno con pomodori e peperoni

Pasto 3 – Pasticcio di carne, con una differenza: condiscilo con il cavolfiore al posto delle patate!

Snack - Una banana

Sabato

Pasto 1 – Toast con uovo in camicia

Pasto 2 – Insalata di manzo asiatica

Pasto 3 – Spaghetti al pomodoro

Snack – Cioccolata calda ipocalorica

Domenica

Pasto 1 – Pancake con pancetta alla griglia e un po' di sciroppo d'acero

Pasto 2 – Patata al forno piccola con insalata e un po' di formaggio

Pasto 3 - Goulash

Snack – Un cucchiaio di frozen yogurt

RICETTE PER LA COLAZIONE

OMELETTE CALIFORNIA A BASSO CONTENUTO DI CARBOIDRATI

Ingredienti:

- 6 uova grandi sbattute
- ¼ di cucchiaino di sale marino
- ¼ di cucchiaino di succo di limone
- ¼ di cucchiaino di salsa piccante (puoi provare la Sriracha)
- due fette di bacon cotto
- 3 cucchiai di burro, burro chiarificato o grasso d'anatra
- 10-12 gamberetti cotti, sgusciati e sbudellati
- 2 cucchiai di prezzemolo/coriandolo sminuzzato
- ¼ di tazza di peperoni rossi a cubetti
- 1 cipollotto medio, a fette
- 1 avocado grande, a fette

Preparazione:

1. Metti 1 cucchiaio di olio d'oliva in una padella, scalda a fuoco medio.

2. In una ciotola piccola, sbatti le uova, la salsa piccante, il succo di limone e il sale.
3. Scalda il burro in una padella antiaderente a fuoco medio-basso. Una volta che si è sciolto, versa le uova sbattute. Cucina sollevando i bordi con una spatola e inclinando la padella per far cuocere tutte le uova, finché non diventano solide ma ancora umide sopra.
4. Posiziona gamberetti, peperoni, cipollotto, prezzemolo, avocado e bacon sopra l'omelette. Piega delicatamente a metà, cuoci per altri 2-3 minuti finché non è cotta del tutto.
5. Servi.

MIX DI VERDURE A BASSO CONTENUTO DI CARBOIDRATI

Ingredienti:

- alcune foglie di basilico
- 3 mini-peperoni rossi, giallo/arancioni o 1 peperone piccolo
- 1 cucchiaino di burro chiarificato/olio extravergine di oliva
- un pizzico di sale marino a piacere
- 1 cucchiaino di semi di lino
- 1 cucchiaino di semi di zucca
- 1 cucchiaino di semi di girasole
- 1 cucchiaio di burro, burro chiarificato o olio extravergine di oliva
- ¾ di tazza di cavolo riccio/spinaci sminuzzati
- 1/3 di tazza di funghi shiitake o champignon a fette
- 3 fette di formaggio Halloumi
- 1 cucchiaio di salsa marinara a basso contenuto di carboidrati fatta in casa

Preparazione:

1. Preriscalda il forno a 180°C se ventilato o a 200°C se tradizionale. Metti i peperoni in una teglia e cospargili di olio d'oliva e un pizzico di sale. Cuoci in forno per 25 minuti.
2. Metti i semi in un'altra teglia e cuocili in forno per 4 minuti o finché non sono dorati. Toglili dal forno e falli raffreddare.
3. Scalda il burro a fuoco medio in una padella antiaderente, aggiungi i funghi e cuoci per 2 minuti. Condisci con sale a piacere.
4. Friggi l'Halloumi in 1 cucchiaio di burro chiarificato/olio di oliva a fuoco medio-basso per circa 2 minuti per lato, o finché non è dorato.
5. Una volta che i peperoni sono pronti, falli raffreddare leggermente. Rimuovi i filamenti e i semi.
6. Schiaccia l'avocado con una forchetta e mischia con olio d'oliva, sale, pepe, lime e fiocchi di peperoncino.
7. Metti il cavolo riccio e i funghi in una ciotola con semi, Halloumi, peperoni e aggiungi l'avocado schiacciato, la salsa marinara e il basilico fresco.

OMELETTE CALIFORNIA A BASSO CONTENUTO DI CARBOIDRATI

Ingredienti:

- 3 cucchiai di olio d'oliva
- 2 cucchiaini di succo di limone fresco
- 2 filetti di salmone medi
- sale marino + pepe nero a piacere
- 1 cucchiaio di olio extravergine di oliva/burro chiarificato
- ½ cavolfiore piccolo (2 tazze di riso di cavolfiore)
- ½ tazza di cavolo rosso sminuzzato
- ¼ di tazza di taccole tagliate a pezzetti
- 1/3 di tazza di peperone rosso a pezzetti
- ¼ di cipolla rossa piccola a fette sottili
- 1 cucchiaio di semi di melograno (facoltativo)
- ¼ di tazza di prezzemolo fresco sminuzzato

- 2 cucchiai di menta fresca sminuzzata
- ½ tazza di feta sbriciolata

Salsa allo yogurt:

- 1 cucchiaio pieno di yogurt greco naturale 5%
- 1 cucchiaio di basilico fresco sminuzzato
- 1 cucchiaino di succo di limone fresco

Preparazione:

1. Preriscalda il forno a 180°C se ventilato o a 200°C se tradizionale. Metti della carta da forno su una teglia. Condisci il salmone con sale, pepe e un cucchiaino di olio di oliva. Metti sulla teglia (con la pelle rivolta verso l'alto) e cuoci in forno per 25 minuti o finché non è cotto e la pelle croccante. Facoltativo: friggi in padella.
2. Taglia le infiorescenze del cavolfiore usando un coltello a S o la lama del frullatore finché non ha la consistenza del riso.
3. Mettilo in una ciotola e cuocilo al microonde per 4 minuti. Togli dal microonde e fai raffreddare. (Facoltativo: trasferisci su un panno di mussola e spremi per rimuovere l'acqua in eccesso.) Sarà più morbido. Gonfialo con una forchetta.
4. Mischia olio di oliva, limone, sale e pepe in una ciotola piccola.
5. Aggiungi cavolo rosso sminuzzato, taccole, cipolla rossa, peperone rosso, erbe fresche (facoltativo: semi di melograno). Aggiungi l'olio di oliva e metà della feta al riso di cavolfiore. Scuoti per mescolare.
6. Mischia gli ingredienti per la salsa allo yogurt in una ciotola piccola. Metti il tabbouleh in una ciotola.
7. Aggiungi il salmone al forno, il resto della feta e la salsa allo yogurt.

OMELETTE CAPRESE A BASSO CONTENUTO DI CARBOIDRATI

Ingredienti:

- 3 uova grandi

- 1 cucchiaio di burro/burro chiarificato

- 1/3 di tazza di pomodori ciliegino a metà

- 3-6 foglie di basilico sminuzzate

- 2 fette di mozzarella fresca

- 1 cucchiaio pieno di parmigiano grattugiato o di altro formaggio stagionato italiano

- 1 cucchiaio di pesto (anche fatto in casa)

- sale marino + pepe a piacere

Preparazione:

1. In una ciotola sbatti le uova con 1 cucchiaio d'acqua.

2. Scalda il burro in una padella di ceramica antiaderente a fuoco basso.
3. Versa le uova nella padella spingendo i bordi cotti verso il centro, cuoci e inclina la padella di modo che le uova non cotte raggiungano la parte calda.
4. Quando le uova sono solide in cima, metti metà dei pomodori, il parmigiano, il basilico e la mozzarella su una metà delle uova.
5. Piega a metà e metti su un piatto. Cospargi con il pesto e aggiungi il resto dei pomodori. Facoltativo: aggiungi aceto balsamico o olio d'oliva. Servi subito.

MONTAGNETTE DI SALSICCIA E GUACAMOLE

Ingredienti:

Guacamole veloce:

- 1 cucchiaio di burro/burro chiarificato
- 1 avocado medio
- 1/2 cipolla bianca/dorata piccola, a pezzetti
- 2 cucchiai di succo di lime fresco
- sale e pepe a piacere

Montagnette:

- 2 uova grandi
- 1-2 cucchiai di burro chiarificato
- 170gr di salsiccia senza glutine

Preparazione:

1. Prepara prima il guacamole veloce. Taglia l'avocado a metà e mettilo in una ciotola. Aggiungi succo di lime, sale, pepe e cipolla. Schiaccia usando una forchetta e metti da parte.
2. Scalda una padella unta con metà del burro chiarificato a fuoco medio. Usa le mani per creare degli hamburger con la salsiccia. Mettili in padella e cuoci senza spostarli per 2-3 minuti. Gira dall'altra parte e cuoci per 1 o 2 minuti e metti da parte.
3. Ungi la padella col resto del burro chiarificato e rompi le uova. Cuoci finché gli albumi sono cotti e i tuorli sono ancora liquidi. Se usi uno stampo per uova abbassa la temperatura, perché ci vorrà di più perché si cuociano bene.
4. Quando sono pronte, metti il guacamole e le uova fritte su ogni hamburger. Condisci con sale e pepe a piacere e mangia subito.

CRUMBLE DI CAVOLO RICCIO, UOVA E SALSICCIA

Ingredienti:

- 4 uova grandi
- 1 cucchiaio di olio extravergine di oliva/burro chiarificato
- 2-3 salsicce di buona qualità senza glutine
- 1 tazza di cavolo riccio a pezzetti
- 1 cucchiaio di burro, burro chiarificato o grasso d'anatra
- sale e pepe a piacere
- erbe fresche come il prezzemolo
- ½ avocado medio

Preparazione:

1. Togli il budello dalle salsicce. Scalda 1 cucchiaino di olio di oliva in una padella. Salta delicatamente la salsiccia a fuoco medio, separandola con un cucchiaio di legno finché non è ben

cotta ed è a briciole spesse. Aggiungi il cavolo riccio e il chili o la paprika (a piacere) e salta per un altro minuto.
2. Scalda un po' di burro in una padella a fuoco medio.
3. Rompi le uova in una tazza, condisci con sale e pepe e sbatti con una forchetta. Aggiungi le uova alla padella e strapazzale per 1 minuto, mischiando con un cucchiaio di legno per evitare che si attacchino. Togli dal fuoco e lascia a rassodare.
4. Metti le uova in un piatto e aggiungi avocado, briciole di salsiccia ed erbe fresche sminuzzate.

FRULLATO ALLA VANIGLIA BRUCIA-GRASSI

Ingredienti:

- tuorli di 2 uova grandi
- ½ cucchiaino di estratto di vaniglia puro
- ½ tazza di mascarpone
- 1 cucchiaio di olio di cocco
- ¼ di tazza di acqua
- 4 cubetti di ghiaccio
- 1 cucchiaio di dolcificante di eritritolo in polvere/3 gocce di stevia liquida
- Facoltativo: panna montata (da aggiungere sopra)

Preparazione:

1. Nel frullatore, mischia acqua, tuorli, mascarpone, ghiaccio,

olio di cocco, vaniglia ed eritritolo o stevia. Frulla finché non si crea un composto liscio.
2. Aggiungi un po' di panna montata e buon appetito!

OMELETTE SPINACI E FETA

Ingredienti:

- 3 uova grandi

- 1 spicchio d'aglio

- 1 tazza di funghi champignon a fette

- 3 tazze di spinaci freschi o 2/3 di tazza di spinaci surgelati e scongelati

- 1/3 di tazza di feta sbriciolata

- 2 cucchiai di burro chiarificato

- sale e pepe a piacere

Preparazione:

1. Prepara il ripieno. Sbuccia e trita finemente l'aglio e mettilo in una padella unta con un cucchiaio di burro chiarificato. Condisci col sale e cuoci a fuoco medio-alto per un minuto

finché non senti il profumo. Aggiungi i funghi a fette e cuoci per 5 minuti o finché non si sono scuriti leggermente, continuando a mescolare.

2. Aggiungi gli spinaci e cuoci finché non si avvizziscono per 2 minuti (strizzali per rimuovere l'acqua se stai usando gli spinaci surgelati decongelati). Togli dal fuoco e metti in una ciotola. Rimuovi i liquidi in eccesso prima di usare la padella per cuocere l'omelette.
3. Rompi le uova in una ciotola e mescola con una forchetta. Condisci con sale e pepe a piacere.
4. Versa le uova in una padella calda unta con il burro chiarificato. Usa una spatola per spostare le uova dai bordi al centro per i primi 30 secondi. Inclina la padella quando necessario per coprirla con le uova. Abbassa la temperatura e cuoci per un altro minuto. Non cercare di cucinarla in fretta o l'omelette sarà troppo asciutta. Dovrebbe essere morbida e leggera.
5. Quando la parte superiore è quasi cotta, aggiungi i funghi, gli spinaci e la feta sbriciolata. Piega l'omelette a metà, cuoci per un altro minuto e servi.

FRULLATO DI CHEESECAKE ALLE MORE

Ingredienti:

- ½ tazza di more, fresche o surgelate

- ¼ di tazza di formaggio spalmabile/crema di latte di cocco

- ¼ di tazza di panna da cucina intera o latte di cocco

- ½ tazza di acqua

- 1 cucchiaio di olio MCT/olio di cocco extravergine

- ½ cucchiaio di estratto di vaniglia senza zuccheri o ¼ di cucchiaio di vaniglia in polvere

- Facoltativo: 3-5 gocce di stevia liquida

Preparazione:

1. Nel tuo frullatore, aggiungi tutti gli ingredienti. Frulla finché non si forma un composto senza grumi.
2. Versa in un bicchiere e buon appetito!

OMELETTE ITALIANA FACILE

Ingredienti:

- tre uova grandi
- da 6 a 8 pomodori ciliegino
- 1 cucchiaino + 1 cucchiaio di olio extravergine di oliva
- 1 cucchiaio di basilico fresco sminuzzato
- alcune fette di mozzarella fresca
- 2 fette di prosciutto di Parma
- sale e pepe a piacere

Procedimento:

1. versa 1 cucchiaio di olio di oliva in una padella a fuoco medio.
2. Mentre si scalda, taglia i pomodori in quattro fette, trita il basilico, taglia il prosciutto e la mozzarella in pezzi piccoli.
3. Rompi le uova in una ciotola, condisci a piacere e sbatti finché sono spumose, poi versale nella padella scaldata. Fai cuocere

per un minuto, poi fai scorrere delicatamente una spatola sul lato inferiore.
4. Cuoci finché la parte superiore e il centro sembrano quasi pronte, poi distribuisci prosciutto, mozzarella, pomodori e basilico su una metà dell'omelette.
5. Piega l'omelette sopra il ripieno, spegni il fornello e lascia riposare per un minuto. Cospargi con il restante cucchiaino di olio d'oliva.
6. Fai scivolare l'omelette su un piatto e mangia calda.

RICETTE PER IL PRANZO

RISOTTO MEDITERRANEO A BASSO CONTENUTO DI CARBOIDRATI

Ingredienti:

- 1 cavolfiore medio
- 4 petti di pollo medi, senza pelle + disossati
- ¼ di tazza di panna da cucina intera/latte di cocco
- ½ tazza di pesto
- 2 spicchi di aglio schiacciati
- scorza di ¼ di limone (½ cucchiaio)
- 2 cucchiai di origano, basilico, timo freschi sminuzzati (1-2 cucchiai se essiccati)
- 2 cucchiai di burro chiarificato, burro/olio di cocco
- un pizzico di pepe nero fresco
- ½ cucchiaino di sale dell'Himalaya/sale marino
- 1 tazza di parmigiano grattugiato

Preparazione:

1. Prepara il riso di cavolfiore. Togli le foglie e il centro più duro e taglia a cimette. Lava il cavolfiore e asciugalo bene. Una volta che è asciutto, grattugialo. Frulla finché sembra riso. Una lama a buchi piccoli lo farà sembrare riso vero.
2. Taglia il pollo a cubetti di media dimensione e mettilo su una padella unta con il burro chiarificato.
3. Cuoci per 15 minuti. Quando è cotto, metti da parte.
4. Sbuccia e schiaccia l'aglio. Grattugia la scorza di limone. Usa limoni organici, non trattati.
5. Ungi un'altra padella col burro chiarificato restante e aggiungi l'aglio e la scorza di limone. Cuoci a fuoco medio finché non sono leggermente dorati.
6. Aggiungi il riso di cavolfiore, alza la temperatura a medio-alta e cuoci per 5 minuti mescolando di frequente. Il tempo dipende da quanto vuoi soffice il riso. Aggiungi il pesto, la panna (od olio di cocco) e le erbe sminuzzate. Cuoci per 1-2 minuti e metti da parte. Condisci con pepe nero e sale.
7. Aggiungi il parmigiano e mescola bene. Buon appetito.

HAMBURGER CON JALAPEÑO PICCANTI

Ingredienti:

- 2 uova grandi
- 4 fette di pane keto tagliate a metà
- 450gr di manzo macinato
- 1 tazza di formaggio cheddar
- 4 fette di bacon sottili, croccanti
- 1/2 tazza di jalapeño sott'aceto
- 4 fette di pomodoro
- una manciata di verdure fresche a scelta

Preparazione:
1. Prepara le fette di pane keto
2. Dividi il manzo in 8 porzioni uguali. Crea un hamburger con

una parte e riempi di jalapeños, formaggio e bacon croccante (puoi renderlo croccante nel forno o in padella).
3. Metti sopra un altro hamburger e pizzica i bordi per chiuderli.
4. Griglia gli hamburger a fuoco medio-alto, ci voglio circa 4 minuti per ogni lato.
5. Aggiungi i tuoi condimenti preferiti. Buon appetito!

ZUCCA SPAGHETTI CON CHORIZO

Ingredienti:

- 2 zucche spaghetti piccole/1 media (rimuovere i semi)
- un pizzico di sale
- 2 cucchiai di burro chiarificato/lardo
- 1 cipolla bianca/dorata piccola, tritata
- 450gr di chorizo messicano
- 1 tazza di formaggio cheddar grattugiato
- 1 tazza di pelati tritati
- pepe nero fresco

Preparazione:

1. Preriscalda il forno a 200°C. Taglia la zucca spaghetti a metà nel senso della lunghezza. Usa la punta di un coltello per bucare la scorza nella parte centrale e spingi la lama finché

non riesce a passare. Usa un cucchiaio per rimuovere i semi e mettili da parte per uno spuntino (puoi farli al forno). Spalma del burro chiarificato ammorbidito all'interno di entrambe le parti e condisci con il sale.
2. Metti la zucca spaghetti in forno e cuoci per 25-40 minuti. Controlla la cottura con una forchetta.
3. Ungi una padella grande con il burro chiarificato e cuoci la cipolla a fuoco medio-alto finché non è leggermente dorata. Poi aggiungi il chorizo e cuoci per 3-5 minuti/finché non cambia colore. Poi aggiungi i pelati, condisci con sale e pepe e mescola. Cuoci per 1-2 minuti.
4. Aggiungi il formaggio cheddar grattugiato, mescola bene. Togli dal fuoco e riempi ciascuna metà della zucca con il preparato di carne.
5. Aggiungi il formaggio e metti sulla griglia per 3-5 minuti o finché il formaggio non è sciolto e ha formato la crosticina.

TONNO CON PESTO CREMOSO

Ingredienti:

- 1 lattina piccola di tonno scolato
- 1 ½ cucchiaio di paleo maionese
- 1 cucchiaio colmo di yogurt Greco intero, yogurt al cocco/maionese
- 1 cucchiaio di pesto
- 2 cucchiaini di succo di limone
- 1/8 di cucchiaino di sale marino, a piacere

Salsa:

- 1 cucchiaio di olio extravergine di oliva
- ½ cucchiaio di aceto di mele/succo di limone
- 1/8 di cucchiaino di pepe nero + sale

Insalata:

- 4 foglie di lattuga iceberg

- 1 pomodoro piccolo a fette
- ½ cetriolo, tagliato diagonalmente
- ¼ di avocado a fette sottili

Preparazione:

1. Prepara il tonno mescolando tutti gli ingredienti in una ciotola piccola e schiacciandoli insieme con una forchetta finché non sono mischiati. Aggiungi il sale.
2. Per la salsa, aggiungi gli ingredienti in un barattolo piccolo e agita per mescolare.
3. Metti lattuga, cetriolo e pomodoro a strati in una ciotola.
4. Aggiungi il composto di tonno, l'avocado e la salsa.

PANZEROTTI AL MANZO

Ingredienti:

- ½ cipolla dorata piccola
- 2 spicchi di aglio
- 1 cucchiaio di burro/burro chiarificato
- 300gr di manzo macinato
- 1-2 peperoncini chili piccoli, sminuzzati
- 1 cucchiaio di aminoacidi del cocco
- 1 cucchiaio di salsa Sriracha
- ¼ di cucchiaino di sale marino a piacere e pepe nero
- 1 tazza di spinaci freschi
- 3/4 di tazza di mozzarella a pezzi
- 1/3 di tazza di farina di mandorle

. . .

Preparazione:

1. Preriscalda il forno a 200°C se tradizionale o a 180°C se ventilato. Trita la cipolla e l'aglio. Scalda il burro chiarificato in una della antiaderente o di ghisa a fuoco medio.
2. Aggiungi la cipolla e friggi per 2 minuti, finché non si ammorbidisce. Aggiungi l'aglio per 30 secondi. Aggiungi il manzo e cuoci per 5 minuti, finché non è cotto, separando il macinato con una spatola finché non è a pezzi piccoli.
3. Aggiungi chili, Sriracha, aminoacidi del cocco, e condisci a piacere. Mescola con gli spinaci, cuoci per 1-2 minuti finché non si sono appassiti. Spegni il fuoco e metti da parte.
4. Sciogli la mozzarella nel microonde per circa 60 secondi. Aggiungi la farina di mandorle e mescola per creare una pasta.
5. Arrotola fra due fogli di carta da forno/fra un foglio e un tappetino in silicone.
6. Metti il composto con il manzo al centro e piega per chiudere la pasta.
7. Crea dei buchi per l'aria in cima.
8. Metti su una teglia foderata di carta da forno e cuoci in forno per 15-20 minuti, finché non è dorato.

BRACIOLE DI MAIALE CON ASPARAGI E SALSA OLANDESE

Ingredienti:

- ½ tazza di more
- ½ tazza di burro/burro chiarificato/olio extravergine di oliva
- 3 tuorli di uova grandi
- 1 cucchiaio di succo di limone
- 3 braciole di maiale, con o senza ossa
- 2 cucchiai di burro chiarificato/lardo
- 300gr di asparagi
- sale e pepe a piacere

Preparazione:

1. Prepara prima la salsa olandese in un minuto. Metti ½ tazza di burro/burro chiarificato in un barattolo dall'apertura grande,

che permette il passaggio di un frullatore a immersione. Sciogli il burro nel microonde.
2. Aggiungi i tuorli e il succo di limone. Metti il frullatore a immersione nel barattolo finché non tocca il fondo. Frulla finché gli ingredienti sono mescolati. Condisci se necessario.
3. Scalda una padella a temperatura medio-alta e sciogli il resto del burro chiarificato. Cuoci le braciole per 6 minuti su ogni lato e lascia riposare per 5 minuti.
4. Porta a ebollizione 1 pentola d'acqua e cuoci gli asparagi per 5 minuti. Toglili dall'acqua e asciugali bene.
5. Servi le braciole di maiale con sopra gli asparagi e condisci con la salsa olandese.

CAPRESE CON POLLO

Ingredienti:

- 1 petto di pollo piccolo, senza pelle e disossato
- 1 cucchiaio di olio extravergine di oliva
- 1 cucchiaino di aceto balsamico
- 1 cucchiaino di erbe
- sale marino e pepe a piacere
- 2 tazze di spinaci/qualsiasi verdura
- ¼ di tazza di foglie di basilico
- 6 bocconcini di mozzarella/1 mozzarella fresca tagliata a fette
- ½ avocado a fette sottili
- 1/3 di tazza di pomodori ciliegino tagliati a metà

Preparazione:

1. Metti il petto di pollo in un contenitore richiudibile con l'olio di oliva, l'aceto, le erbe e il sale. Metti in frigo a marinare (dai 10 minuti a una notte).
2. Scalda una padella a fuoco medio-alto. Metti il pollo e la marinatura nella padella e cuoci per 4-5 minuti per lato. Sposta su un tagliere e taglia a fette.
3. In un barattolo, mescola gli ingredienti per il condimento. Metti da parte.
4. Prepara l'insalata mettendo le verdure e la mozzarella in una ciotola.
5. Aggiungi il pollo e il condimento. Servi.

MINI PIZZA AI FUNGHI CHAMPIGNON

Ingredienti:

- 1 petto di mollo piccolo, senza pelle e disossato
- 2 funghi champignon grandi senza gambo
- ½ tazza di pesto
- 10 olive nere
- 1 cucchiaio di peperoni in scatola
- 1 cucchiaio di capperi
- 1 tazza di formaggio grattugiato

Preparazione:

1. Preriscalda il forno a 190°C se tradizionale, a 170°C se ventilato, e metti i funghi su della carta da forno. Dividi il pesto fra i funghi.

2. Riempi il centro con il formaggio e condisci a piacere.
3. Cuoci per 10-15 minuti, finché il formaggio non fa le bolle e i funghi hanno iniziato ad ammorbidirsi.
4. Servi. Facoltativo: aggiungi fiocchi di peperoni rossi.

HAMBURGER DI SALMONE

Ingredienti:

- 500gr di salmone in lattina scolato
- 2 uova medie
- 50gr di farina di mandorle
- 2 cucchiai di prezzemolo tritato
- sale e pepe a piacere
- 1 cucchiaio di aneto tritato
- 1 cucchiaio di succo di limone
- 1 cipolla piccola tagliata a dadini
- 1 spicchio di aglio schiacciato
- 1 cucchiaino di paprika
- ½ cucchiaino di cumino
- ½ cucchiaino di curcuma

- 2 cucchiai di burro chiarificato/lardo/grasso d'anatra per friggere
- 1 avocado piccolo
- ¼ di tazza di maionese
- 1 cucchiaio di succo di lime
- 1 cucchiaio di prezzemolo/coriandolo

Preparazione:

1. Metti gli ingredienti per l'hamburger di salmone (tranne il burro chiarificato/lardo/grasso d'anatra) in una ciotola grande e mischia.
2. Prendi ¼ di tazza del composto. Col retro del cucchiaio, premi il composto per schiacciarlo, poi metti in un piatto. Ripeti per creare 12 hamburger.
3. Scalda l'olio in una padella e cuoci gli hamburger a fuoco basso. Cuoci per 4-5 minuti su ogni lato e usa una spatola per girarli.
4. Mentre gli hamburger stanno cuocendo, prepara la salsa all'avocado mettendo gli ingredienti in un frullatore. Frulla finché si forma un composto liscio. Servi.

FRULLATO DI MANDORLE E MACA

Ingredienti:

- ¾ di tazza di latte di mandorla senza zucchero
- ¼ di tazza di latte di cocco
- 1 cucchiaio di burro di mandorla senza zucchero
- 1 cucchiaio di olio MCT/olio extravergine di cocco
- 1 cucchiaio di collagene in polvere
- 2 cucchiaini di maca in polvere

Preparazione:

1. Metti tutti gli ingredienti in un frullatore.
2. Buon appetito!

RICETTE PER LA CENA

SALMONE CON ASPARAGI E SALSA OLANDESE

Ingredienti:

- 1 cucchiaio di olio di avocado/burro chiarificato/olio extravergine di oliva

- 2 filetti piccoli di salmone

- alcuni asparagi

- 2 tuorli

- 6 cucchiai di burro senza sale/burro chiarificato sciolto

- 1 cucchiaio di succo di limone

- sale e pepe

- un pizzico di aglio in polvere, pepe di cayenna, cipolla in polvere/paprika

- un po' d'acqua se è troppo denso

Preparazione:

1. Scalda l'olio a fuoco medio-alto in una padella di ghisa. Condisci il salmone con sale e pepe e metti in padella con la pelle verso il basso. Rosola per 4-5 minuti finché il salmone non è più attaccato al fondo della padella.
2. Gira e continua a rosolare per altri 4-5 minuti.
3. Gira. Metti gli asparagi in padella, cuoci per 3-4 minuti girandoli un paio di volte. Metti da parte.
4. Per la salsa olandese, scalda il burro a fuoco medio finché non si scioglie e fa le bolle. Poi toglilo.
5. Metti le uova in un frullatore con il succo di limone e il pepe di cayenna. Frulla per 30 secondi, finché non si rompono i tuorli. La salsa dovrebbe avere la giusta densità. Se è troppo densa, aggiungi un po' d'acqua e frulla di nuovo.
6. Condisci con sale, pepe e pepe di cayenna. Versa sopra il salmone e gli asparagi e servi.

CAVOLO BRASATO CON BURRO E PROSCIUTTO CROCCANTE

Ingredienti:

- ½ testa di cavolo bianco/verde
- 2 panetti di burro senza sale
- sale marino e pepe nero a piacere
- 6 fette di prosciutto di Parma

Preparazione:

1. Taglia il cavolo a fette. Metti in una casseruola o in una padella grande.
2. Taglia il burro a pezzi grandi e mettilo sopra il cavolo.
3. Metti il coperchio sulla pentola a fuoco basso per 2 ore, gira dopo 15-20 minuti. Non aggiungere acqua.
4. Scalda il forno a 180°C se ventilato, o a 200°C se tradizionale. Metti il prosciutto su una teglia e cuoci per 10-15 minuti finché è croccante.

5. Fai raffreddare e sbriciola grossolanamente in un contenitore.
6. Una volta che il cavolo è cotto, servi con pepe nero e prosciutto.

OMELETTE CON SALMONE E AVOCADO

Ingredienti:

- 3 uova grandi
- ½ avocado
- ½ pacco di salmone affumicato
- 2 cucchiai di formaggio spalmabile
- 2 cucchiai di erba cipollina fresca tritata
- 1 cipollotto medio
- 1 cucchiaio di burro chiarificato/burro
- sale marino + pepe a piacere

Preparazione:

1. Rompi le uova in una ciotola. Aggiungi un pizzico di sale e pepe, poi sbattile con una frusta/forchetta.

2. Mischia il formaggio insieme all'erba cipollina tritata. Taglia il salmone affumicato, poi sbuccia e taglia l'avocado.
3. Versa le uova in una padella calda unta con il burro chiarificato. Cuoci a fuoco medio-basso. Non avere fretta. Usa una spatola per spostare le uova dai lati al centro. Cuoci per un altro minuto o due.
4. Fai scivolare l'omelette su un piatto e distribuisci sopra la salsa al formaggio.
5. Aggiungi l'avocado, il salmone, il cipollotto sminuzzato e chiudi l'omelette.

HAMBURGER AL BARBECUE CON GUACAMOLE SENZA PANE

Ingredienti:

- 500gr di manzo macinato

- 1 cucchiaio di mostarda di Digione

- 1 cucchiaio di timo fresco tritato/1 cucchiaino di timo essiccato

- 1 cucchiaio di origano fresco tritato/1 cucchiaino di origano essiccato

- 2 spicchi di aglio schiacciato

- ½ cucchiaino di sale a piacere

- Pepe nero appena macinato

- 2 lattughe iceberg medie

Preparazione:

1. Inizia col guacamole. Quando è pronto, coprilo con la carta stagnola per evitare che si scurisca. Metti il manzo macinato in

una ciotola. Aggiungi timo, mostarda, origano, aglio, sale e pepe.
2. Mischiali usando le mani. Dividi il composto in 4 parti per creare 4 hamburger grandi.
3. Metti gli hamburger sul barbecue e cuoci a fiamma alta per 8-10 minuti. Gira gli hamburger a metà del tempo di cottura.
4. Piega le foglie di lattuga in delle ciotole da portata, aggiungi il guacamole e poi gli hamburger. Servi.

POLLO CROCCANTE CON LIMONE E TIMO

Ingredienti:

- 8 cosce di pollo disossate
- 1 cucchiaio di timo fresco tritato/1 cucchiaino di timo essiccato
- 2 cucchiai di succo di limone fresco
- 1 cucchiaino di scorza di limone fresca
- 2 spicchi di aglio tritati
- 2 cucchiai di olio extravergine di oliva
- 2 cucchiai di burro chiarificato/lardo/olio di cocco
- 1 cucchiaio di sale
- ¼ di cucchiaio di pepe nero appena macinato

Preparazione:

1. Usa un coltello affilato o delle forbici da cucina per togliere disossare il pollo.
2. Metti le cosce su un tagliere (con la pelle verso l'alto) e usa un batticarne per schiacciarle di modo da poter cuocere anche le parti più spesse. Metti le cosce in una ciotola e aggiungi i condimenti (succo e scorza di limone, olio di oliva, timo, aglio tritato, sale, pepe). Mescola per coprirle uniformemente. Metti nel frigo a marinare per almeno un'ora/una notte.
3. Togli dal frigo e metti le cosce su della carta da cucina per asciugarle. È meglio togliere tutte le spezie dalla pelle per evitare che bruci.
4. Scalda una padella grande. Ungila con il burro chiarificato a fuoco medio-alto. Metti il pollo. Lascia cuocere per 7-10 minuti. Ruota la padella a metà per assicurarti che cuociano bene. Gira le cosce di pollo dall'altra parte. Cuoci per 2-3 minuti, finché sono pronte.
5. Mettile su della carta da forno per asciugare i liquidi. Lascia riposare alcuni minuti prima di servire.

SPIEDINI DI POLPETTE AL BARBECUE

Ingredienti:

- 600gr di manzo macinato
- ½ cipolla rossa media
- 2 spicchi di aglio schiacciati
- 1 uovo
- 1 cucchiaio di paprika
- 1 cucchiaio di origano fresco/1 cucchiaino di origano essiccato
- 2 cucchiai di basilico fresco/1 cucchiaino di basilico essiccato
- 1 cucchiaino di scorza di limone fresca
- sale a piacere
- 200gr di chorizo spagnolo

Preparazione:

1. Sbuccia la cipolla e tagliala a dadini. Metti la carne in una ciotola e aggiungi l'aglio schiacciato, la cipolla, la scorza di limone, le erbe sminuzzate, la paprika e l'uovo.
2. Mescola gli ingredienti. Quando la carne è pronta per il barbecue, taglia il chorizo a fette. Usando le mani, crea 24 polpette.
3. Crea gli spiedini infilzando le polpette e le fette di chorizo in ordine alternato (3 polpette e 4 fette di chorizo per spiedino).
4. Metti gli spiedini sul barbecue e cuoci per 7-8 minuti/finché sono croccanti. Buon appetito!

PIZZA DI CARNE ITALIANA

Ingredienti:

- 500gr di manzo macinato
- 1 cucchiaio di origano e basilico essiccati
- ½ cucchiaio di sale + pepe
- Condimenti
- 2 tazze di funghi selvatici
- 2 cucchiai di burro chiarificato/burro
- 2 spicchi di aglio schiacciato
- 1 confezione di spinaci
- 2 cucchiai di pesto
- ¾ di tazza di mozzarella tagliata

Preparazione:

1. Metti il manzo in un contenitore con olio di oliva, sale, aceto e spezie italiane. Metti in frigo (da 10 minuti a una notte).
2. Preriscalda il forno a 220°C.
3. In una ciotola, aggiungi origano, manzo macinato, basilico, sale, pepe e mescola.
4. Usa le mani per fare la "pasta" della pizza (spessa 1 centimetro).
5. Mettila su una teglia con carta da forno.
6. Metti in forno per 10 minuti.
7. Prepara i condimenti.
8. Taglia i funghi.
9. Scalda una padella unta con burro chiarificato/burro. Aggiungi l'aglio schiacciato. Cuoci per 1 minuto.
10. Aggiungi i funghi e cuoci per 5 minuti, mescolando.
11. Aggiungi gli spinaci e cuoci per un altro minuto.
12. Condisci con sale e pepe.
13. Togli la padella dal fuoco.
14. Quando la pasta di carne è cotta, toglila dal forno e cospargila con il pesto. Aggiungi ½ mozzarella, spinaci e funghi.
15. Finisci col formaggio restante e metti in forno per 5 minuti/finché il formaggio si è sciolto.

SALMONE CON SALSA OLANDESE CREMOSA AGLI SPINACI

Ingredienti:

- 1 filetto piccolo di salmone/trota

- ½ pacco grande di spinaci

- 1 cucchiaio di panna da cucina intera/latte di cocco

- 2 cucchiai di burro chiarificato/olio di cocco/olio extravergine di oliva

- 1 porzione di salsa olandese

- sale e pepe nero a piacere

Preparazione:

1. Preriscalda il forno a 200°C. Metti il salmone su una teglia e copri con metà dell'olio di oliva/burro chiarificato/latte di cocco. Condisci con sale e pepe e inforna. Cuoci per 20-25 minuti.

2. Lava gli spinaci e mettili in una centrifuga per insalata per rimuovere l'acqua in eccesso/asciuga con della carta da cucina.
3. Ungi una padella a fuoco medio-alto. Aggiungi gli spinaci e cuoci per 3-5 minuti, mescolando. Condisci col sale.
4. Aggiungi la panna da cucina.
5. Togli dal fuoco e metti da parte. Prepara la salsa olandese.
6. Togli il salmone dal forno e metti da parte per 5 minuti.
7. Metti gli spinaci cremosi su un piatto e aggiungi il salmone.
8. Versa la salsa olandese. Buon appetito!

SOUVLAKI DI AGNELLO

Ingredienti:

- 800gr di coscia/spalla di agnello disossata
- una manciata di menta tritata
- 2 cucchiai di rosmarino fresco tritato
- 1 limone spremuto
- ½ tazza di olio extravergine di oliva
- ½ cucchiaio di sale marino/sale rosa dell'Himalaya a piacere

Preparazione:

1. Taglia la carne a cubetti di media dimensione.
2. Metti in una ciotola e aggiungi l'olio e il succo di limone. Trita la menta e il rosmarino e aggiungili alla ciotola. Condisci col sale. Mescola bene. Metti in frigo per 4-8 ore o per una notte. Mescola per evitare che si asciughi.

3. Preriscalda il forno a 230°C. Metti i cubetti di carne sugli spiedini e mettili su una griglia nel forno.
4. Dopo 10-15 minuti, gira gli spiedini dall'altra parte e cuoci per 5-10 minuti.
5. Quando sono croccanti, togli dal forno e lascia raffreddare.
6. Servi.

FRULLATO CIOCCOLATO E COCCO

Ingredienti:

- ½ avocado grande
- 1 tazza e ¼ di latte di mandorla
- ¼ di tazza di panna al cocco/panna da cucina
- 1 cucchiaio di semi di lino/di chia
- 1 cucchiaio e ½ di cacao in polvere
- 1 cucchiaio di olio vergine di cocco/olio MCT
- 1 cucchiaio pieno di burro di mandorle/di un'altra frutta a guscio/di semi

Preparazione:

1. Mischia tutti gli ingredienti in un frullatore. Aggiungi i condimenti.
2. Buon appetito!

ESERCIZI FISICI PER PERDERE PESO DURANTE IL DIGIUNO

Si può fare esercizio fisico durante il digiuno? È una domanda molto diffusa. C'è chi pensa di ottenere energia dal cibo che mangia e perciò che allenarsi durante un digiuno sia difficile. Alcune persone svolgono lavori impegnativi in cui devono fare molta attività fisica. Per loro è difficile stare dietro al proprio lavoro durante un digiuno. Vogliono conoscere tutti la verità sull'esercizio fisico durante il digiuno. Pensiamo alla questione in maniera logica per un attimo.

Quando mangi, i livelli di insulina nel corpo si alzano, e il tuo cervello chiede al corpo di usare subito un po' di quell'energia. Quella che rimane viene depositata nel fegato in forma di glicogeno o zucchero. Il fegato inizia a produrre grassi o a eseguire la lipogenesi, quando le riserve di glicogeno sono piene. Le proteine introdotte con la dieta vengono scomposte nella loro forma più semplice, gli aminoacidi. Il nostro corpo usa alcuni di questi aminoacidi per riparare i muscoli, e una quantità eccessiva di questi aminoacidi si trasforma in glucosio. Il nostro intestino assorbe direttamente il grasso immagazzinato nel corpo senza doverlo scomporre ulteriormente.

Il digiuno intermittente sta diventando sempre più popolare perché chi l'ha provato afferma di aver ottenuto risultati soddisfacenti. Nella loro esperienza, il digiuno intermittente ha aumentato i loro livelli di energia e li ha aiutati a mantenerla per periodi di tempo molto più lunghi. I loro livelli di glicemia si sono stabilizzati, senza fluttuazioni, e il beneficio principale che ne hanno tratto è stata la perdita di peso.

Con la nostra abitudine di fare spuntini ogni due ore, è logico che i nostri corpi si sentano meglio con lo schema del digiuno intermittente, che i nostri antenati seguivano naturalmente.

Ma la domanda è: come bisognerebbe allenarsi durante un digiuno? La risposta dipende da diversi fattori: il tipo o la durata del digiuno che scegli e come il corpo vi risponde sono i fattori chiave da tenere in considerazione quando si pianificano i propri allenamenti. Chi sceglie un digiuno da 16 ore avrà una capacità di allenarsi e dei requisiti diversi rispetto a chi segue un digiuno a giorni alterni.

Si può fare esercizio fisico durante il digiuno?

Se stai digiunando per perdere peso e il tuo corpo ha riserve di grasso a sufficienza, potresti scegliere di fare esercizio fisico durante il digiuno. Ma devi tenere a mente alcuni pro e contro dell'allenarti mentre digiuni.

Secondo alcuni studi, allenarsi a stomaco vuoto ha degli effetti sul metabolismo e sui meccanismi della biochimica dei muscoli. Questo processo dipende a sua volta dai livelli di glicemia e dalla sensibilità insulinica di ciascuno. Gli studi sono anche a favore dell'esercizio fisico subito dopo un pasto, prima che inizino l'assorbimento e la digestione. Questo fattore è ancora più importante per chi soffre di sindrome metabolica o di diabete di tipo 2.

Secondo gli esperti di fitness e i nutrizionisti, un effetto positivo importante dell'esercizio fisico durante il digiuno è che i carboidrati immagazzinati nel tuo corpo vengono scissi più velocemente. Come risultato, il tuo corpo brucia più grassi immagazzinati per mantenere il livello di energia richiesto per l'allenamento.

Se vuoi scegliere degli esercizi cardio durante il digiuno per bruciare più grassi, pensaci bene, perché ci sono anche dei lati negativi. Secondo l'opinione di alcuni esperti, il tuo corpo potrebbe iniziare a usare le proteine della tua massa muscolare per produrre energia quando ti alleni in stato di digiuno. In più, in assenza della tua routine alimentare, il corpo avrà meno energia per allenarsi bene.

Alcuni altri esperti dicono che gli effetti a lungo termine dell'allenarsi durante un digiuno intermittente non sono molto piacevoli. Il processo di bruciare energia e grassi, alla fine, rallenterà il tuo metabolismo nel corso del tempo.

Come rendere l'esercizio fisico più efficace durante il digiuno

Se vuoi proseguire con la tua routine di allenamento durante un digiuno intermittente, ci sono alcune cose da prendere in considerazione che potrebbero rendere il tuo esercizio fisico più efficace.

- Scegli bene quando farlo

Secondo l'opinione di dietologi e nutrizionisti esperti, devi decidere se vuoi allenarti prima, durante o dopo gli orari in cui mangi. Questa decisione è essenziale se vuoi rendere più efficace il tuo esercizio fisico durante un digiuno.

Se scegli il metodo di digiuno intermittente Lean Gains 16:8, dovrai digiunare per 16 ore e mangiare tutti i tuoi pasti in una finestra di 8 ore.

Ma devi scegliere quando allenarti secondo i tuoi bisogni fisici, e se ti senti a tuo agio a fare esercizio fisico durante un digiuno, fallo. Tuttavia, per alcuni è difficile allenarsi bene a stomaco vuoto. Devono riuscire a fare esercizio fisico nella finestra in cui possono mangiare. In questo modo, possono anche seguire una nutrizione adeguata per il post-allenamento, che è necessaria se sei sottopeso o stai cercando di mantenerlo. Ma se vuoi perdere peso tramite il digiuno e vuoi mantenere i tuoi livelli di energia anche dopo esserti allenato, farlo a stomaco vuoto è la soluzione ideale.

- Pensa ai tuoi macronutrienti per scegliere una routine

Il tipo di cibo o i nutrienti contenuti nel pasto che fai prima di allenarti giocano a loro volta un ruolo essenziale quando si tratta di scegliere un modello e un orario per l'esercizio fisico. Se fai allenamenti di forza, avrai bisogno di più carboidrati; ma se scegli un allenamento intervallato ad alta intensità avrai bisogno di più proteine e meno carboidrati. Allo stesso modo, ti servirà una dieta ricca di proteine per fare sollevamento pesi. Quindi, pensa sempre al tipo di cibo necessario per ottimizzare i risultati del tuo esercizio fisico.

- Scegli dei pasti appropriati per il post-allenamento per aumentare o mantenere la massa muscolare

Alcuni esperti sono dell'opinione che se vuoi allenarti durante un digiuno intermittente, dovresti programmarlo durante il periodo in cui mangi, di modo che il tuo corpo possa ripararsi da solo dopo l'esercizio fisico. Se stai facendo degli allenamenti ad alta intensità, assicurati di mangiare abbastanza proteine perché il tuo corpo possa stare bene. Il modo migliore per evitare la fatica o i danni muscolari dopo l'esercizio fisico è di mangiare circa 20 grammi di proteine nei trenta minuti precedenti all'allenamento. I frullati proteici sono usati principalmente per questo scopo. Ma chi sceglie di nuotare o fare sollevamento pesi, di solito mangia uova o pesce dopo l'allenamento.

Come ci si può allenare in sicurezza durante un digiuno?

Puoi continuare a eseguire per molto tempo solo gli esercizi che sono sicuri per il tuo corpo. Non puoi rischiare di danneggiarlo durante un allenamento. Se alcuni movimenti o posizioni sono dolorosi o ti senti esausto dopo averli fatti, smetti subito. Non spingerti mai troppo oltre i limiti del tuo corpo per evitare di farti male. Segui questi consigli per allenarti in sicurezza durante il digiuno intermittente.

- Mangia prima di un allenamento a intensità moderata o alta

Devi stare molto attento alla programmazione degli allenamenti e dei pasti. I nutrizionisti e gli esperti di fitness affermano che il corpo ha bisogno di riserve di glicogeno da usare come carburante durante l'esercizio fisico. Perciò, è consigliabile mangiare poco dopo essersi allenati.

- Rimani idratato

Devi tenerti idratato durante un digiuno. Molti esperti non escludono l'acqua dalle sessioni di digiuno. Rimanere idratati è più importante per chi svolge lavori fisici in condizioni meteo avverse. Allo stesso modo, quando ti alleni sudi molto. Come risultato, il tuo corpo ha bisogno di più acqua. In più, avrai bisogno di acqua dopo un allenamento per calmare il corpo. La disidratazione può causare ansia, pressione bassa, giramenti di testa e persino condizioni di salute gravi.

- Mantieni i tuoi elettroliti

Il tuo corpo ha bisogno dell'elettrolisi perché il sistema nervoso e altre funzioni possano lavorare bene. Questo bisogno aumenta quando il tuo corpo non mangia per diverse ore. L'acqua di cocco è una buona opzione, salutare e ipocalorica, per assumere elettroliti.

- Modifica la durata e l'intensità in maniera corretta

Inizia con esercizi più leggeri per periodi brevi di tempo. Aumenta gradualmente la durata e l'intensità dei tuoi allenamenti man mano che migliori la tua resistenza. Non esagerare mai, perché degli allenamenti troppo intensi possono danneggiare permanentemente i muscoli. Ascolta il tuo corpo. Inizia sempre la tua sessione di allenamento con degli esercizi di riscaldamento prima di procedere con quelli ad alta intensità.

- Scegli bene il tipo di digiuno

Il tuo metodo di digiuno deve sostenere il tipo di esercizi che intendi scegliere. Se decidi di seguire il digiuno intermittente di 24 ore, gli esercizi a bassa intensità sono più adatti alla tua situazione. Potresti scegliere di fare yoga ristoratore, pilates o di camminare. Ma se vuoi scegliere il metodo di digiuno intermittente 16:8, non è necessario seguire un tipo specifico di esercizi: siccome la maggior parte delle tue ore di digiuno sono durante il sonno, hai abbastanza energia per fare qualsiasi tipo di attività tu voglia.

- Fai del tuo corpo una priorità

La cosa più importante da tenere a mente è di ascoltare il tuo corpo quando ti alleni durante un digiuno intermittente. Se sei disidratato o i tuoi livelli di glicemia sono bassi, inizierà a girarti la testa o ti sentirai debole durante o dopo l'allenamento. Se dovesse succederti, smetti subito di allenarti e bevi un energy drink con carboidrati ed elettroliti. Fai il prima possibile un pasto nutriente. Il modo migliore per ottenere il massimo dei risultati dai tuoi allenamenti durante un digiuno è tenerti abbastanza idratato da finire la sessione senza stancare troppo il corpo. Questa precauzione eviterà che si verifichino situazioni spiacevoli ed eventuali rischi alla tua salute.

Allenarsi durante il digiuno intermittente potrebbe funzionare per alcune persone, mentre per altre potrebbe essere un'esperienza poco produttiva o spiacevole. Prima di scegliere un qualsiasi tipo di esercizio fisico, consultati col tuo dottore. Questa consultazione è ancora più cruciale se soffri di qualche malattia cronica come il diabete o di problemi cardiaci. Se sei una donna incinta o che sta allattando, programma il digiuno intermittente e gli allenamenti in modo che non facciamo male alla tua salute e a quella del tuo bambino.

È difficile allenarsi durante un digiuno intermittente?

Durante i primi giorni di digiuno, avrai sempre fame la mattina anche senza esserti allenato. Questa fase potrebbe durare fino a 10-12 giorni a seconda del tuo corpo, della tua resistenza e delle tue abitudini alimentari. Potresti iniziare a fare qualche esercizio in questo periodo per distrarti dalle fitte della fame.

Scegli sempre degli esercizi che trovi interessanti. Avrai già un po' d'ansia per via del digiuno, quindi non innervosirti ulteriormente scegliendo delle attività noiose. Potresti mettere un po' di musica durante l'allenamento per incrementare la tua resistenza e tenerti distratto dallo stomaco vuoto. Anche il luogo dove ti alleni può aiutare molto. Vai in un parco o in un luogo in cui c'è una bella vista. Le attività all'aria aperta avranno un impatto positivo sul tuo umore, e ti sentirai meno irritabile. Se possibile, allenati in gruppo o con un amico: ti aiuterà a essere più motivato e ti godrai di più le sessioni di esercizio fisico.

- Esercizi cardio durante il digiuno intermittente

Quando diciamo che l'esercizio fisico durante il digiuno intermittente ha un effetto positivo sugli ormoni, è vero per via della distruzione delle riserve di glicogeno. Anche se fare esercizi cardio durante il digiuno intermittente non è sbagliato, la tua routine dipenderà comunque da quanto in fretta il tuo corpo è in grado di bruciare il grasso invece del glucosio. Questa qualità si chiama adattamento del grasso. Se hai appena iniziato ad allenarti e a digiunare, potresti avere poca resistenza. Per alcuni ci vogliono fino a 6 mesi per abituarsi a questo regime. Se sei un atleta professionista e non vuoi rischiare di perdere i tuoi progressi, non iniziare mai un digiuno un paio di settimane prima di una gara. Il tuo corpo potrebbe reagire in maniera negativa alla nuova routine, e ci perderai a livello di allenamenti. Evita un digiuno troppo lungo prima degli allenamenti e mangia subito dopo aver finito. Non dimenticarti di idratarti bene prima e dopo gli esercizi cardio.

- Digiuno intermittente e allenamento intervallato ad alta intensità

Allenamento intervallato ad alta intensità significa un minimo di 4 minuti di esercizi intensi seguiti da un periodo di riposo per un totale di circa 20 minuti. Gli esercizi HIIT non fanno solo risparmiare tempo ma, secondo alcune ricerche, hanno impatti positivi sulla tua salute. I benefici dell'HIIT non possono essere raggiunti tramite il jogging o l'aerobica. L'effetto più incredibile di questo tipo di allenamento è l'aumento nella produzione dell'ormone della crescita.

In più, gli esercizi HIIT migliorano la forma fisica, attivano le funzioni del cervello, invertono l'orologio biologico di cervello e muscoli, aumentano i livelli di testosterone e prevengono ansia e depressione. Quando segui un allenamento HIIT durante un digiuno, tutti questi benefici si raddoppiano. Questo è il metodo ottimale da includere nel tuo periodo di digiuno. Per aumentare i vantaggi dell'HIIT durante un digiuno, prolungalo di due o tre ore dopo l'allenamento.

È consigliabile fare sollevamento pesi durante il digiuno?

Secondo l'opinione degli esperti, va bene fare sollevamento pesi durante un digiuno. Ma devi pensare bene al ruolo del glucosio dopo la tua sessione di sollevamento pesi. Questo passo è cruciale, soprattutto se sollevi pesi in uno stato di digiuno.

Le tue riserve di glicogeno vengono usate quando ti alleni durante un digiuno. Se includi il sollevamento peso alla tua routine quotidiana, puoi farlo a stomaco vuoto, ma evita i rischi di salute legati ai livelli bassi di glicemia: programma un pasto subito dopo il tuo allenamento. A differenza di una sessione HIIT, dopo un sollevamento pesi il tuo corpo richiede un pasto ricco di proteine. Quando il tuo corpo si adatta a bruciare grassi, il sollevamento pesi potrebbe provocare alcuni effetti negativi o indesiderati, di solito simili a quelli che potresti notare facendo cardio in stato di digiuno. In questo caso, dai al tuo corpo un po' di tempo per adattarsi alla nuova routine alimentare. Potresti anche programmare la sessione di sollevamento pesi subito dopo aver mangiato e, perciò, iniziare il digiuno due o tre ore dopo l'allenamento. Fai esercizi a digiuno solo quando segui un allenamento HIIT.

Le opzioni migliori per allenarsi durante il digiuno intermittente:

- Jogging leggero o Camminata: una camminata da 1 a 6 chilometri è una buona opzione. Metti le cuffie e vai a camminare dovunque tu voglia.
- Danza: qualsiasi tipo di danza è divertente. Può farti dimenticare della fame. Potresti voler attivare il tuo corpo con dei passi di hip-hop, zumba o danza classica.
- Yoga: la maggior parte delle persone sceglie di praticare yoga prima di mangiare, a stomaco vuoto. Lo yoga ti regala una sensazione di leggerezza e libertà, che ti fa concentrare sui movimenti e sulla respirazione.
- Pilates: come per lo yoga, chi sceglie di fare pilates di solito lo fa a stomaco vuoto. Quindi puoi gestire facilmente questo tipo di esercizio fisico durante un digiuno.
- Tennis: puoi giocare facilmente una partita di tennis mattutina durante un digiuno. È un ottimo esercizio per tutto il corpo.
- Tapis roulant : prova a correre con un'inclinazione di 8 a 5km/h. È scientificamente provato che il tapis roulant aiuti a perdere peso più del jogging.
- Bicicletta: andare in bicicletta è un attimo allenamento cardio. Potresti scegliere di pedalare dentro casa con una cyclette o

andare in un parco con la bicicletta. Entrambe le opzioni fanno bene al corpo.

Allenamenti da non fare durante un digiuno:

- CrossFit
- Boxe
- HIIT – lezioni come quelle di Barry's o Orangetheory, ecc.
- Powerlifting

Piano di allenamento durante il digiuno

Lunedì

Digiuna dalle 19 alle 11 e fai una sessione HIIT di 30 minuti a stomaco vuoto alle 7.30.

Martedì

Digiuna dalle 19 alle 11 e fai un allenamento intervallato ad alta intensità di mezz'ora alle 7.30, quando sei a digiuno.

Mercoledì

Digiuna di nuovo dalle 19 alle 11 e fai una sessione di sollevamento pesi d 60 minuti a mezzogiorno, dopo aver mangiato. Ma non fare un pasto pesante dopo l'allenamento, anzi, fai una pausa di due o tre ore.

Giovedì

Continua a digiunare dalle 19 alle 11, ma dai al tuo corpo una pausa dall'allenamento. Se non vuoi essere troppo pigro o interrompere le routine, fai una camminata leggera e breve.

Venerdì

Digiuna di nuovo dalle 19 alle 11 e suda con una sessione energica di HIIT per 30 minuti mentre sei a digiuno, alle 7.30.

Sabato

Digiuna dalle 19 alle 11, quindi fai colazione. Fai qualche esercizio a intensità media per un periodo più lungo. Camminare o correre potrebbero essere buone idea, ma puoi scegliere l'opzione che preferisci.

Domenica

Di domenica, cambia la tua routine di digiuno e fai rilassare un po' il tuo corpo. Digiuna dalle 19 alle 12. Fai una sessione HIIT di 30 minuti a stomaco vuoto alle 9.

Se riesci a fare 30 minuti di esercizio:

Usa metà di questo tempo per fare una passeggiata in un parco o una camminata in montagna. Invece di uscire, potresti fare una camminata di 1,5km sul tapis roulant. Fai qualche esercizio per i muscoli come squat, flessioni, affondi e addominali negli altri 15 minuti.

Se riesci a fare 45 minuti di esercizio :

Cammina per 20 o 30 minuti o corri per 2km all'aperto. Puoi scegliere di farlo sul tapis roulant se non ami fare attività all'aria aperta o non puoi farlo a causa del tempo.

Fai un po' di yoga o sollevamento pesi per 15 minuti per cambiare un po'.

Se riesci a fare 1 ora di esercizio :

Controlla se nella tua zona sono disponibili lezioni di spinning o di nuoto. Fare una lunga passeggiata nel parco può essere una buona opzione. Sarà più divertente se ci andrai con un amico. Potresti andare alla piscina comunale o in uno specchio d'acqua naturale, se ne hai uno vicino.

Potresti guardare un episodio della tua serie TV preferita o ascoltare della musica correndo per un'ora sul tapis roulant. Sarebbe un modo molto produttivo per trascorrere un po' di tempo con te stesso.

Tieni una cosa a mente: lo scopo principale dell'esercizio fisico è di mantenere il tuo corpo in movimento. Scegli l'opzione migliore per te e per il tuo fisico. Potresti scegliere lo yoga, il tennis, il nuoto, il tapis roulant, o andare a camminare coi tuoi amici. Rimani idratato e smetti di fare le attività fisiche intense che ti fanno sentire male o a disagio.

Riepilogo

- Fare esercizio fisico in uno stato di digiuno non solo fa bene, ma è anche prezioso per la produzione di ormoni, che a sua volta porta molti benefici per salute.
- Puoi combinare un allenamento HIIT al tuo digiuno intermittente per massimizzare i benefici di entrambi. Questo approccio multi-terapeutico ti garantirà molto benefici per la salute, che il solo digiuno o il solo allenamento non posso darti.
- Anche se ci vuole un po' di tempo perché il tuo corpo ci si abitui, puoi fare cardio e sollevamento pesi in uno stato di digiuno.
- Scegli di allenarti la mattina presto, quando sei a digiuno, perché è il modo migliore per seguire il ritmo circadiano naturale del corpo.
- Puoi godere dei vantaggi del digiuno anche dopo gli allenamenti, a meno che non si tratti di sessioni cardio di resistenza o di sollevamento pesi intenso.

COMBINARE LA DIETA CHETOGENICA CON IL DIGIUNO INTERMITTENTE

Il digiuno intermittente e la dieta chetogenica sono due strategie diverse che hanno molti punti in comune. Sono pensate entrambe per bruciare grassi, ed entrambe possono aiutare a incrementare i chetoni. Se le unisci, potrai sicuramente godere dei benefici di entrambe.

Potresti vedere alcune persone seguire una dieta chetogenica e incorporare il digiuno nella propria strategia dietetica. Usare entrambi questi metodi allo stesso tempo aumenta i livelli di energia e resistenza, ti aiuta a perdere peso e aumenta la longevità. Questi benefici non sono stati sperimentati da alcuni individui casuali, ma sono fatti scientifici provati dalle ricerche.

Non hai bisogno di digiunare durante una dieta chetogenica. Se non fa per te, non cercare di superare troppo i tuoi limiti. Limitare i bisogni del tuo corpo è sempre una brutta idea, che potrebbe farti perdere in salute e benessere. Se il tuo corpo non lo accetta e ti senti costretto, non ha senso seguire una dieta.

Devi capire i due termini di base "mangiare" e "digiunare". Il tuo corpo digiuna quando non mangi per un periodo esteso di tempo, intenzionalmente e deliberatamente. Quando mangi, consumi regolarmente i tuoi pasti senza saltare gli spuntini né i pasti principali.

In questo capitolo, spiegheremo come la dieta chetogenica e il digiuno intermittente lavorano insieme per migliorare la salute e incrementare la perdita di peso. Daremo anche un'occhiata ad alcuni modi per integrare il digiuno nella tua dieta chetogenica. Ma prima, cerchiamo di capire cosa sono il digiuno intermittente e la dieta chetogenica e che effetti hanno sui nostri corpi.

Perché piace combinare la dieta chetogenica con il digiuno intermittente per perdere peso?

Il digiuno intermittente e la dieta chetogenica aiutano a perdere peso. Entrambe coinvolgono il salto dei pasti o di alcuni nutrienti particolari, perciò non possono essere provati da tutti.

La dieta chetogenica e il digiuno intermittente funzionano meglio insieme?

Per alcuni esperti di nutrizione, combinare la dieta chetogenica con il digiuno intermittente non è una buona idea. I livelli di chetoni aumentano quando digiuniamo, e lo stesso succede se seguiamo una dieta chetogenica. Quando siamo in uno stato di chetosi nutritiva, il nostro cervello dipende meno dal glucosio per ottenere energia. È per questo che la transizione a uno stato di digiuno o chetogenico durante la giornata diventa sempre più semplice quando si fanno pasti chetogenici o a basso contenuto di carboidrati per alcuni giorni.

Combinare il digiuno intermittente con la dieta cheto può massimizzare i benefici di entrambi, secondo alcuni dietologi e nutrizionisti esperti. Nella fase successiva le persone riescono a perdere peso perché consumano meno calorie grazie al digiuno. Questa progressione può risultare naturale per chi si sente soddisfatto dopo aver mangiato molti grassi per pasto. Una finestra ridotta in cui poter mangiare non ha effetti su queste persone perché assumono molte calorie sottoforma di grassi.

Chi può scegliere un digiuno intermittente con un approccio chetogenico?

Chi si è adattato alla dieta chetogenica dopo averla seguita per circa due settimane e non soffre di malattie croniche o gravi, può integrare il digiuno intermittente. Quando parliamo di malattie croniche, la dieta chetogenica è quella preferita fra chi soffre di diabete o prediabete. Secondo alcuni medici, non mangiare per periodi prolungati può essere pericoloso per alcuni. Può essere particolarmente dannoso per chi soffre di disturbi alimentari, problemi cronici ai reni, o sta seguendo un trattamento per il cancro. Può essere ugualmente pericoloso per le donne incinta o che stanno allattando. In tutte queste situazioni, non bisogna mai combinare la dieta chetogenica con il digiuno, perché ridurrà troppo l'apporto di cibo. Si sconsiglia di seguirle anche singolarmente senza averne discusso dettagliatamente col proprio medico. Se riesci a raggiungere il tuo peso ideale seguendo solo la dieta chetogenica e ti senti bene, non c'è bisogno di combinarla con il digiuno intermittente.

Il metodo corretto per iniziare una combinazione di dieta chetogenica e digiuno intermittente

Non iniziare mai la dieta chetogenica e il digiuno intermittente contemporaneamente.

Il tuo corpo subisce un cambiamento enorme quando inizia a usare i chetoni al posto del glucosio come carburante. Sarà ancora più grande se inizi anche a digiunare allo stesso tempo. Gli esperti raccomandano di lasciare abituare il corpo al cambiamento di dieta dopo aver iniziato quella chetogenica. Potrai incorporare il digiuno intermittente quando avrai la forza necessaria per poter continuare a eseguire le attività regolari con un apporto limitato di cibo.

Scegli attentamente i periodi di digiuno secondo le necessità del tuo corpo. Il metodo di digiuno 16:8, che consiste in 16 ore di digiuno e 8 ore in cui mangiare, è considerato come il migliore. C'è anche l'opzione di digiunare per 12 ore ma, di solito, trascorriamo tutti la notte senza mangiare, quindi non è molto utile. Ma se sei un principiante, potresti sceglierlo per iniziare a incrementare la tua resistenza.

All'inizio, prova a ritardare la colazione e continua ad aumentare il periodo di digiuno fino al pranzo. In questo modo, il tuo corpo si abituerà molto in fretta a saltare la colazione. Quando il tuo corpo avrà accettato questo cambiamento, puoi iniziare di nuovo a fare colazione e prolungare il digiuno notturno, perché la colazione è un pasto importante, e diverse persone non si sentono molto attive se la saltano. La colazione è essenziale per mantenere i livelli di glicemia e insulina, le dinamiche cognitive e un buon metabolismo. Gli esperti suggeriscono di seguire una dieta chetogenica in combinazione con il digiuno intermittente solo per 6 mesi, per poi seguire una dieta a basso contenuto di carboidrati.

Un menu modello per combinare la dieta chetogenica e il digiuno intermittente

Dopo aver ottenuto l'approvazione del tuo medico, quando sei pronto per integrare la dieta chetogenica col digiuno intermittente, la domanda più importante è: cosa mangiare e quando? La tua preoccupazione è valida, perché il digiuno si basa sulle tempistiche e la dieta chetogenica sul tipo di cibo.

Scegli un qualsiasi metodo di digiuno intermittente secondo i tuoi requisiti fisici. Discuti sempre della dieta con un nutrizionista o un esperto che conosca bene la dieta chetogenica e il digiuno intermittente.

Giorno 1

Il primo giorno, fai colazione alle 10 con uova strapazzate condite con pezzetti di avocado e un caffè. Bevi acqua per tutto il corso della mattinata.

Pranza alle 13 con un'insalata sostanziosa condita con due cucchiai di olio di oliva, 80 grammi di salmone grigliato o al forno, e aceto.

Come spuntino, puoi mangiare un quarto di tazza di noci di Macadamia. Ma se non ti va di mangiare, puoi saltarlo.

Cena alle 18. Puoi mangiare una coscia di pollo con la pelle, un quarto di tazza di riso e due tazze di zucchine cotte in olio di oliva.

Giorno 2

Il secondo giorno, fai di nuovo colazione alle 10. Goditi un buon tè caldo, un frullato con qualsiasi ingrediente adatto alla dieta chetogenica e, ovviamente, bevi una buona quantità di acqua nel corso della mattinata.

Puoi mangiare 80 grammi di petto di pollo alla griglia alle 13, insieme a cavolfiore e broccoli con un po' di olio di oliva e avocado.

Mangia delle patatine di cocco senza zucchero come spuntino alle 15, se ti va.

80 grammi di tonno al forno sono una cena ideale; puoi cucinarlo con l'olio di oliva e servirlo su un letto di insalata di cavolo condita con sesamo e olio di oliva.

Giorno 3

Il terzo giorno, la tua colazione consisterà in un budino chetogenico di semi di chia e caffè nero, con una quantità generosa di acqua.

Puoi fare un'omelette con 3 uova riempita con una tazza di spinaci e peperoni cucinata nell'olio di oliva. Condisci con mezzo avocado e mezza tazza di pomodori a fette.

Alle 15, un'ottima scelta per il tuo spuntino sono le olive.

Per la cena del terzo giorno, tre tazze di insalata di cavolo riccio con 80 grammi di gamberetti conditi con due cucchiai di aceto e olio di oliva.

I potenziali benefici per la salute di una dieta chetogenica con digiuno intermittente

È stato provato che i livelli di chetoni nel tuo corpo aumentano quando si combina il digiuno intermittente con la dieta chetogenica. Ma non ci sono ricerche specifiche sulla combinazione delle due: potrebbe promuovere la perdita di peso, ma il corpo di ciascuno risponde in modo diverso.

La maggior parte dei dottori che consigliano il digiuno intermittente con una dieta chetogenica ai propri pazienti pensano che sia utile per mantenere stabili i livelli di glicemia, perché digiunare diminuisce i livelli di insulina. Questa combinazione permette al corpo di bruciare il carburante migliore, cioè i chetoni. Questo cambiamento diminuisce la produzione di materiali tossici nel nostro corpo e aiuta i pazienti di Alzheimer.

Alcuni dottori seguono il digiuno intermittente per rimanere in forma e perdere peso sulla pancia e in vita. Ridurre il grasso attorno alla pancia aiuta anche a prevenire le malattie cardiache.

Combinare la dieta chetogenica e il digiuno intermittente è pericoloso per la salute?

La dieta chetogenica è stata pensata per chi soffre di attacchi epilettici, e queste persone la trovano piuttosto utile per migliorare la salute.

Ma come qualsiasi altra dieta, devi tenere d'occhio cosa stai mangiando. Una dieta chetogenica pensata male, a cui mancano nutrienti importanti, può portare alla malnutrizione e a una cattiva salute in generale. Assumere la quantità giusta di cibo, con ingredienti di qualità, è necessario quando stai anche digiunando. Digiunare limita di per sé l'apporto calorico a un periodo definito, e se non mangi abbastanza quando possibile il tuo corpo potrebbe soffrirne. Potresti subire una perdita di peso drastica, che non è salutare, o perdere massa muscolare. Questa situazione porta a malattie gravi, insieme a danni permanenti a organi specifici. Dovresti assumere un grammo di proteine per ogni chilo di peso per poter mantenere un fisico in salute. Aggiungi vitamine, minerali e fibre in forma di frutta e verdura.

Ultime parole sulla combinazione della dieta chetogenica col digiuno intermittente

Il digiuno intermittente riduce il periodo di tempo in cui puoi mangiare, mentre la dieta chetogenica limita il tipo e la quantità di cibo. Ci sono poche ricerche disponibili sulla combinazione delle due. Quindi, nessuno può darti il verdetto finale sulla loro efficacia e sui rischi, né se sono adatti a te individualmente o insieme.

Ma prima di scegliere uno di questi piani dietetici, tieni a mente che sono entrambi molto restrittivi rispetto ad altri piani disponibili. Potrebbe essere difficile mangiare solo quando concesso o eliminare alcuni cibi dai tuoi pasti per molto tempo. All'inizio, potresti soffrire di sbalzi di umore gravi, problemi di stomaco e livelli bassi di energia.

Parlane attentamente col tuo dottore prima di iniziare un digiuno intermittente o una dieta chetogenica. Il tuo medico può darti dei consigli in caso dovessi scegliere di seguirne una o entrambe. Può aiutarti a pianificare l'esercizio fisico, i pasti e le medicine da prendere a seconda del piano dietetico.

CONCLUSIONE

Se non pensi che l'obesità sia una condizione problematica, potresti trovarti ad accumulare peso fino a raggiungere una situazione critica. Potrebbero esserci molti problemi più gravi ad aspettarti dietro l'angolo, come il diabete, che potrebbe peggiorare nel corso del tempo. Finiresti per spendere moltissimi soldi in visite mediche. Perciò, è meglio tenere sotto controllo il tuo peso sin dall'inizio. Puoi ottenere il controllo di te stesso, della tua mente, delle tue decisioni e di come vuoi che il tuo corpo funzioni. Devi controllare la tua dieta. Il che non significa che non puoi mangiare quello che vuoi, quando vuoi. Puoi, ma devi conoscere i periodi giusti in cui farlo e i cibi che puoi mangiare.

Il digiuno intermittente è il metodo migliore per perdere peso nel modo più naturale possibile. Non devi fare altro che impostare un programma e, ovviamente, seguirlo. Ci sono molti tipi e forme di digiuno intermittente che puoi seguire.

Puoi anche dire addio all'obesità e vedere delle differenze in un solo mese. È molto utile se sei pigro e non ti va di andare in palestra. Segui il piano rimanendo seduto a guardare un film. Non c'è bisogno di fare una dieta.

Segui il tuo piano alimentare e attieniti al programma. Mangia i pasti raccomandati secondo gli orari indicati. Se vuoi che funzioni in maniera efficace e veloce, segui una dieta a basso contenuto di carboidrati.

CPSIA information can be obtained
at www.ICGtesting.com
Printed in the USA
LVHW011035150521
687531LV00015B/1000